BUDDHA

Frederik Hetmann

BUDDHA

Leben und Lehre

HOHE

Frederik Hetmann: Buddha
Titel der Originalausgabe: Siddhartas Weg

Lizenzausgabe für Verlag HOHE GmbH, Erftstadt

Die Verlag HOHE GmbH ist ein Gemeinschaftsunternehmen
der Herder GmbH & Co. KG, Freiburg, und
BMH Buch Medien Handel GmbH, Erftstadt.

Einbandgestaltung: sowiesodesign.de
Einbandabbildungen (von o. nach u.): Turm in Mandalay,
Foto: Mark Downey; Buddha in Sri Lanka, Foto: Glen Allison
Redigitalisierung: Bernhard Heun, Rüssingen

Gesamtherstellung: Verlag HOHE GmbH, Erftstadt
Printed in Czech Republic 2007

ISBN 978-3-86756-008-5

Inhalt

„Es war, als ich sagte:
So etwas wie die Wahrheit gibt es nicht,
Daß die Trauben praller schienen.
Der Fuchs rannte aus dem Loch.

Du ... du sagtest:
‚Es gibt viele Wahrheiten,
Aber sie sind nicht Teil einer Wahrheit.'
Da, in der Nacht, begann sich der Baum zu verändern."

Wallace Stevens, *Auf dem Weg nach Hause*

1.
Geburt

Der Fürst heißt Suddhodana und die Fürstin Maya.

Der Fürst herrscht über das Land der Sakya.

Das Land ist nicht sehr groß, noch bedeutend. Es liegt in einer fruchtbaren Ebene. Auf den Feldern wächst Reis und Weizen. Weiterhin gibt es Dörfer und Wälder. Durch die Felder fließt ein Fluß mit klarem Wasser, der kommt von den hohen Bergen herab.

Auf dem Fluß sieht man manchmal Holzschiffe fahren, mit grauen Segeln. Hinter den hohen Bergen liegen noch höhere Berge, die sind mit Schnee bedeckt und stoßen bis an den Himmel.

Dort ist der Kontinent des Rosenapfelbaumes zu Ende.

Gewöhnlich ist es warm im Land der Sakya. Im Monat Mai ist es sehr heiß. Langsam türmen sich im Südosten riesige Wolken auf. Plötzlich rauschen dann gewaltige Regengüsse nieder.

Die Welt besteht nur noch aus Regen.

Auch alle Wege verwandeln sich in Moraste. Die Flüsse sind nicht mehr klar, sondern lehmig. Ihre Wasser treten über die Ufer. Die Hitze wird zur Schwüle.

Dann ist der Regen vorüber.

Es wird kühler.

Es wird kalt.

Man holt die mit Baumwolle gefüllten Steppdecken hervor. Wenn der Mond zweimal voll gewesen ist, kann man sie wieder wegpacken.

Der Falkenkuckuck beginnt zu rufen.

Der Flammenbaum blüht leuchtend rot.

Wieder nimmt die Hitze mehr und mehr zu. Sie legt sich brütend auf das Land.

Wieder türmen sich die Wolken auf.

Wieder braut sich über der Erde etwas zusammen. Ungeduldig warten alle Menschen darauf, daß es losbricht.

Dann zucken durch das graue, beängstigende Licht Blitze. Dann dröhnt der Donner mit einem Geräusch, als zerbreche ein morscher Baum. Als ob die Welt unterginge. Die ersten Tropfen lecken am Staub.

Der Regen fällt.

Rinnende Schnüre aus durchsichtigen Glasperlen, die im Wind schwanken. Jedesmal, wenn der Regen losbricht, haben die Menschen wieder Furcht, die Welt könne untergehen.

So vergehen die Jahre.

Was sich sonst auch verändern mag: Dies bleibt Jahr für Jahr gleich.

Die Menschen reden nicht von dieser Furcht.

Die Kinder bemerken sie.

Der Hauptort des Landes der Sakya heißt Kapilavastu.

Nahe dem Platz, auf dem die Opfer für die Götter dargebracht werden, steht der Palast des Suddhodana.

Wenn ein Fürstenpaar keine Kinder hat, fällt das Land an einen anderen Fürsten, den man nicht kennt, oder an einen König, den man noch weniger kennt. Lange schon ist Maya die Frau des Fürsten, ohne daß sie schwanger geworden wäre. Deshalb nimmt der Fürst noch eine zweite Frau, Pajapati, die Schwester von Maya.

Eines Nachts hat Maya einen merkwürdigen Traum.

Sie fühlt, wie sie auf einer Wolke liegt und langsam in den Himmel hinauffährt. Dort steht plötzlich ein weißer Elefant vor ihr. Das Tier, das ein Gott ist, rennt seine Stoßzähne in ihre Hüfte. Da schreit sie auf und erwacht.

Als sie vom Himmel wieder herabschwebt, wächst ein Kind in ihrem Leib.

Wer fragt, warum Maya, um das Kind zu empfangen, zum Himmel aufsteigen mußte, dem wird erwidert: Kein irdischer Mann wäre würdig genug, der Vater des Vollendeten zu sein.

Als nun die Zeit herannaht, zu der das Kind geboren werden soll, reist Maya nach dem Ort Devadaha in das Haus ihrer Eltern.

Die Reise in einem Ochsenkarren über eine heiße, staubige Straße mit vielen Schlaglöchern ist beschwerlich.

Unweit des Dorfes Lumbini setzen die Wehen ein. Die Dienerinnen heben Maya vom Wagen. Sie führen sie in den Schatten eines Sala-Baumes. Dort faßt sie mit den Händen einen Ast, hängt sich daran und bringt so ihr Kind zur Welt.

Dies soll sich im Mai des Jahres 563 vor Christi Geburt zugetragen haben.

Mehr als zweihundert Jahre danach errichtet der große Kaiser Asoka an dieser Stelle eine Steinsäule, die Menschen in noch viel späterer Zeit wieder auffinden.

Sie graben sie aus der Erde.

Auch die Inschrift der Säule vermögen sie zu entziffern. Sie lautet:

Um den Ort zu ehren, an dem der Erhabene das Licht dieser Welt erblickte, ließ ich im zwanzigsten Jahr nach meiner Krönung ein in Stein gehauenes Bild und diese Säule aufrichten. Das Dorf Lumbini befreie ich von allen Steuern, die als Münzen gezahlt werden, und setze die Abgaben in Form von Getreide und Früchten von einem Viertel auf ein Achtel herab.

Maya ist zu erschöpft von der Geburt, um die Reise zu ihren Eltern fortzusetzen. Fiebernd kehrt sie mit dem Kind nach Kapilavastu zurück.

Wie es üblich ist, wird ein weiser Mann gerufen.

Er heißt Asita. Sein Name, „Der Nichtweiße", deutet darauf hin, daß er von den Ureinwohnern abstammt, von jenem Volk, das im Land gelebt hat, ehe die Arier, Wanderhirten und Burgenzerstörer, dort einfielen.

Asita ist bei Suddhodanas Vater Hauspriester gewesen. Er hat auch dem Sohn gedient. Seit einigen Jahren lebt er als Einsiedler. Er soll für das Kind das Horoskop stellen.

Er betrachtet die Körpermerkmale des Kindes genau. Dann prophezeit er. Ein Kind mit außergewöhnlichen geistigen Fähigkeiten sei dieser Junge. Entweder werde er der Tradition und aller Autorität mit großem Respekt gegenüberstehen; ein guter und einflußreicher Fürst könne er werden. Oder ein wilder Revolutionär, der alle Dinge auf den Kopf stellt und die Ordnung der Welt verändert.

„Und was kann ich tun, damit er kein Revolutionär wird, sondern mein fähiger Nachfolger?" fragt Suddhodana seinen ehemaligen Hauspriester.

Asita lächelt und erwidert: „Ich habe gesagt, daß beides in diesem Kind steckt. Ich habe nicht darüber geurteilt, welche von beiden Möglichkeiten der anderen vorzuziehen ist."

„Aber ich will, daß er Fürst wird wie ich", beharrt Suddhodana.

„Was ist der Wille eines einzelnen Menschen gegen die Absicht der Götter?" gibt Asita zu bedenken. „Und halte dir eines immer vor Augen: Je mehr du ihm deinen Willen aufzuzwingen versuchst, desto wahrscheinlicher ist es, daß er sich gerade zum Gegenteil von dem entwickelt, was dir so wichtig scheint."

„Das wollen wir doch noch sehen", sagt der Fürst grimmig.

„Nicht zwingen ...", sagt Asita und geht.

Am fünften Tag nach der Geburt des Kindes vollzieht eine Gruppe von fünf Brahmanen die Zeremonie der Namensgebung.

Der Neugeborene erhält den Namen Siddharta. Das bedeutet soviel wie „Einer, der weißen Senf besitzt". Einen, der weißen Senf besitzt, hält man für jemanden, dem jeder Wunsch erfüllt ist.

Sieben Tage nach Siddhartas Geburt stirbt Maya, seine Mutter. Man erfüllt die bei einem Begräbnis vorgesehenen Riten gewissenhaft. Freilich empfindet Suddhodana Trauer. Aber die hat er bald überwunden. Es geschieht häufig in diesem Land und zu dieser Zeit, daß Frauen im Kindbett sterben. Es geschieht häufig, daß Menschen jung sterben.

Es geschieht ständig, daß Menschen an Seuchen sterben.

Es geschieht häufig, daß Menschen sterben, die einem vertraut sind.

Die, die selbst lange leben, gewöhnen sich daran.

Kurz darauf bringt Pajapati, die jüngere Schwester Mayas, die zweite Frau des Suddhodana, ebenfalls einen Sohn zur Welt, der den Namen Nanda erhält. Es heißt, Pajapati habe Nanda einer Amme anvertraut und sich ganz und gar dem Kind ihrer Schwester gewidmet.

Seitdem Asita ihn angesehen und über sein Schicksal prophezeit hat, wird unter dem Volk viel über Siddharta gesprochen.

Die Leute erzählen von Wundern.

Die Erde habe sich hier und dort aufgetan, und verborgene Schätze seien sichtbar geworden. Eine Herde weißer Elefanten sei lautlos und freiwillig von den hohen Bergen herabgekommen ... eine Schar von Pferden in allen Farben sei aus der Wüste hervorgesprengt, nie gezähmt von den Menschen und doch gleich lenkbar. Die Kühe hätten Ströme duftender, reiner Milch gegeben.

Wer diese Schätze, diese Elefanten, diese Rosse und solche Kühe sehen will, findet sie nicht. Die Gerüchte aber halten sich weiter, und keiner weiß, wer sie aufgebracht hat.

2.
Das Kind und die Stadt

Als Siddharta zehn Jahre alt ist, erfährt er: Pajapati, die Frau, die er für seine Mutter gehalten hat, ist nicht seine leibliche Mutter. Er hört, daß Maya wenige Tage nach seiner Geburt gestorben ist.

Er sagt nichts, aber diese Mitteilung beschäftigte ihn stark. Er wird sich zum erstenmal überhaupt bewußt, daß Menschen sterben müssen.

Er überlegt: Warum hat jemand sterben müssen, damit ich geboren werden konnte? Das ist schlecht eingerichtet von dem, der diese Welt geschaffen hat, wer immer er auch sein mag.

Er fragt sich: Warum gibt es den Tod? Wie kann man sich freuen, wenn man weiß, daß jede Freude nur vorläufig ist?

Niemand weiß darauf eine Antwort, die ihn überzeugt.

Er ist ein sehr zartes Kind, und er spürt, daß sie alle um ihn besorgt sind. Sie haben Angst, daß er bald sterben könnte.

Im Innenhof des Palastes gibt es einen Teich mit roten, blauen und weißen Lotosblumen. Manchmal steht er am Ufer des Teiches und schaut lange auf die Blüten. Sie haben eine wunderbare Ruhe. Wenn er sie ansieht, vergißt er das Grübeln darüber, ob er schuld habe am Tod seiner Mutter ... die Angst davor, selbst sterben zu müssen ... in ein Land zu geraten, in dem immer Nacht ist.

Es ist ein angenehmer Zustand, so dazustehen und auf die Blüten zu blicken.

Pajapati weist die Amme an, der Junge dürfe den Bereich des Palastes nicht verlassen.

Wenn es sehr heiß ist, muß stets jemand neben ihm stehen und ihm Kühlung zufächeln. Wenn er im Freien geht, wird immer ein Schirm über ihn gehalten. Jeden Tag wird er mit Sandelholzsalbe aus Benares eingerieben. „Das stärkt", sagt die Amme.

„Aber andere Jungen werden nicht mit der Salbe eingerieben", protestiert er und behauptet, sie stinke.

„Sie duftet und ist gesund. Du bist nicht wie andere", sagt die Amme.

Er wundert sich.

Er besieht sich in den nächsten Tagen seine Spielgefährten, mit denen er Brettspiele spielt, genauer.

Wo ist der Unterschied?

Die Stadt, in die man durch das Portal des Palastes gelangt, ist für ihn ein verborgenes Wunder. Er weiß, sie liegt da draußen, aber er kennt sie nicht. Er hört ihre Geräusche, nimmt ihre Gerüche wahr. Er darf aber nie allein hinausgehen und alles betrachten.

Er durchquert die Stadt manchmal in einer Sänfte, deren Fenster verhängt sind. Wenn es heiß wird, läßt ihn der Vater in eines seiner Landhäuser im Gebirge bringen. In der kühleren Jahreszeit schafft man ihn dann wieder nach Kapilavastu zurück.

Etwas nicht zu kennen, was er kennen könnte, ist für Siddharta wie ein Stachel.

Die Diener sagen, die Vorhänge müßten geschlossen bleiben, damit er nicht krank würde. Später, nachdem sie aus der Stadt hinaus sind, dürfen die Vorhänge eine Weile offen bleiben ... bis sie in den wilden Wald kommen, in dem Tiger, Elefanten und Nashörner hausen.

Solange die Sänftenträger durch den Wald traben, werden sogar Bretter vor die Fenster der Sänfte geklappt. Es ist finster und eng in der Sänfte. Im Sumpfwald bekomme man Fieber, heißt es.

„Und die Sänftenträger?" fragt er den, der das behauptet.

Das seien Shudras, bekommt er zur Antwort; wenn die stürben, sei nicht viel verloren.

Er fragt nicht weiter. Er möchte fragen, ob nicht der Tod für alle Menschen etwas Schlimmes sei. Er spürt schon, darauf würde niemand eine Antwort geben, die ihn befriedigt.

Solche Gedanken summen in seinem Kopf wie Mücken.

Da sie ihn die Stadt und den Sumpfwald nicht sehen lassen, versucht er sie sich vorzustellen. Er baut die Stadt aus den Andeutungen über sie auf, die er im Palast hört.

Er läßt den Wald wachsen und aussehen, wie es ihm gefällt. Er erschafft sich auch Tiere. Sie heißen nur zufällig auch Tiger, Elefant und Nashorn, sehen aber völlig anders aus als die wirklichen Tiere, wie er später, als er eine Vergleichsmöglichkeit hat, feststellt.

Es wird für ihn selbstverständlich, daß es neben der wirklichen Welt noch eine vorgestellte gibt.

Einmal, als er wieder im Palast in Kapilavastu wohnt, geht er einfach durch den Torweg. Er meint, er werde unbemerkt an den Wachen vorbeikommen. Die zwei Männer dort mit dem Speer in der Hand sind ihm immer vorgekommen, als seien sie aus Stein.

Nun werden sie lebendig. Sie kreuzen ihre Speere, aber er schlüpft unter den Speerschäften hindurch und beginnt zu rennen. Er sieht sich noch einmal um, während er in die Stadt hinein rennt. Offenbar beraten sie immer noch, was sie nun tun sollen.

Er rennt weiter.

Er sieht jenes geschwungene Dach auf Säulen, das Haus des Bürgermeisters und der Richter, das gegenüber dem Palast liegt.

Er taucht dann in das Gewirr der Basargassen unter, in denen die Stoffhändler, die Reis-, Gewürz- und Süßwarenkrämer ihre Läden haben. Er kommt an eines der Tore, durch welche die Straßen aus der Stadt hinausführen.

Niemand hindert ihn daran es zu passieren.

Er wirft einen hastigen Blick hinab in das braune Wasser, in dem sich nackte Kinder, die ihm erschreckend dürr vorkommen, lachend bespritzen. Er gelangt in den Bereich der Laub- und Erdhöhlen der Allerärmsten, die jenseits von Wall und Graben die Vorstadt bilden.

Der Gestank, der hier herrscht, löst bei ihm fast einen Brechreiz aus.

Da gibt es Menschen, die Haut voller Schwären und Wunden, abgemagert bis auf die Knochen; Männer mit abgefaulten Beinen, die durch ein Zucken ihrer Stümpfe auf sich aufmerksam zu machen und Almosen zu erbetteln versuchen; alte Frauen, deren Haut wie zerknittertes Leder aussieht, hocken zusammengekauert am Rand der Pfade, die eine Hand wie eine gierige Kralle vorgestreckt.

Drei Reiter preschen heran.

Sie machen nicht einmal halt. Der eine beugt sich über die linke Seite seines Tieres hinab, packt Siddharta von hinten am Kragen, hebt ihn vor sich auf das Pferd, und schon jagen sie mit ihm zum Schloß zurück.

Dort wird nicht er ausgeschimpft. Er hört, daß den beiden Wachsoldaten, die ihn nicht hatten aufhalten können, am Abend zwanzig Stockschläge verabreicht werden sollen.

„Laß mir die Stockschläge geben."

Der Vater sieht ihn an wie ein Kalb mit zwei Köpfen.

„Warum bist du weggelaufen?"

„Weil ich sehen wollte, wie die Stadt wirklich aussieht", antwortet er.

In den folgenden Nächten schreit er häufig im Schlaf auf. Als die Amme kommt und ihn fragt, ob er sich nicht wohl fühle – sie haben immer alle Angst, er könne krank werden –, antwortet er, er habe nur schlecht geträumt. Das ist die Wahrheit.

Aber wie häufig verschweigt er eine Frage, die ihn beschäftigt. Er hat das Gefühl, diesen elenden Menschen, die er jenseits des Stadtgrabens gesehen hat, etwas schuldig zu sein. Sie stehen um sein Lager und strecken anklagend die Finger nach ihm aus.

3.
Die alten Götter

Asita kommt aus seiner Eremitenhütte in den Palast, um den Prinzen zu unterrichten. Er erzählt Siddharta von den Göttern.

Der verborgene Schöpfer heißt Brahma.

Vielleicht ist er auch keine Person, sondern ein Etwas.

Der Anfang aller Dinge.

Indra ist der Fürst der Götter. Der Meister der Tausend Kräfte.

Er ist ein mächtiger Kämpfer.

Er hat den Dürredämon mit dem Schlangenleib erschlagen. Er hat das Wasser freigesetzt, das in den Adern der Schlange kreiste. Daraus sind die Flüsse entstanden.

Der Regenbogen ist seine Waffe. Aus seinem Zepter zucken die Blitze.

In einem Kampfwagen jagt er dahin. Er verscheucht die Dämonen, die verhindern wollen, daß der Fruchtbarkeit bringende Regen die Erde netzt.

Viel Kraft verbraucht Indra im Kampf. Und neue Kraft wächst ihm zu, wenn er Soma trinkt, den mit Honig und Milch gesüßten Saft, den man aus Fliegenpilzen preßt.

Indras Wesen ist Kraft und Männlichkeit.

Indra ist der Anreger von Ideen und Taten.

Indra macht, daß die Viehherden gedeihen. Wem er gewogen ist, dem erfüllt er die Wünsche nach materiellem Besitz.

Varuna ist der Hüter der Wahrheit.

Er bestimmt über den Wechsel von Tag und Nacht. Er

sieht darauf, daß Mond und Sonne auf- und untergehen zur rechten Zeit, daß es heiß wird und kalt.

In seinem Namen werden Verträge geschlossen, Eide geschworen. Wer sie verletzt, wer lügt oder betrügt, verletzt die Heiligkeit der Wahrheit und muß Varunas Zorn fürchten.

Sein Gefährte ist Mitra.

Zeigt sich Varuna in der Schönheit des Nachthimmels, so ist Mitras Kleid die lichte Herrlichkeit des Tages, der Goldglanz der Sonne.

Varuna verfolgt unerbittlich jene, die die Gesetze verletzen. Mitra ist ein Freund der Menschen. Er freut sich, wenn sie Freundschaft halten, in Frieden leben.

Bewohnt ist der Himmel von vielen Göttern.

Da ist Usas, ein junges schönes Mädchen, das im Schloß der Morgenröte wohnt.

Surya, der Sonnengott, wärmt und nährt die Pflanzen und Tiere.

Maruts heißen die wilden Reiter auf den Regenwolken; verbündet sind sie mit Indra.

Parjanya ist der Regengott. Er erschafft die Keime jeglichen Lebens.

Prithivi steht auf der Erde, ist die Erde selbst, vollbusig, mit breiten Hüften und schweren Schenkeln.

Agni ist der Gott des Feuers und zugleich der Bote der Götter. Ohne ihn wäre es nicht möglich, daß mit den lodernden Flammen und dem wehenden Rauch die Essenz menschlicher Opfergaben als Duft und Kraft die Himmlischen erreicht. Dies aber bestimmt die Götter, die Erde zu besuchen und den Menschen zu helfen, ihr Schicksal zu meistern.

Was Agni für die Götter ist, sind die Brahmanen für die Menschen: Opferpriester.

Und das letzte Opfer für Agni ist der menschliche Leib, wenn er auf dem lodernden Scheiterhaufen verbrennt.

Danach führt der grimmige Totengott Yama den Verstorbenen fort in sein Reich, das im verfinsterten Teil des Himmels liegt.

Siddharta hört Asitas Erzählungen wie ein Märchen. Er findet sie hübsch. Die Personen eines Theaterstücks, das ständig gespielt wird, sind ihm vorgestellt worden.

Dann fällt ihm ein, daß er sich selbst eine solche Märchenwelt erschaffen hat. Er stellt Asita eine einfache Frage: „Warum gibt es Götter?"

„Wie meinst du das?"

„Es ist schön ausgedacht."

„Man hat es so zu glauben. Das Leben wird leichter, wenn man glaubt. Man kann den Kummer auf etwas abwälzen. Man ist nicht so allein mit seinem Leid."

„Ach", sagt Siddharta, „und wann ist den Menschen das eingefallen? Das möchte ich wissen."

„Nun", erzählt Asita, „die Vorfahren jener Menschen, unter denen wir leben, nannten sich selbst Arya. Das bedeutet ‚Die Gastfreien'. Sie waren gastfreundlich zu jedermann, und die Götter wurden in ihre Gastfreundschaft mit eingeschlossen. Wenn die Brahmanen auf dem Opfersitz ihnen den Krafttrank und die anderen Opfer darbrachten, stiegen die Götter aus dem Himmel herab."

„Sah man sie?"

„Nicht jeder. Aber wer den Blick dafür hatte, vermochte sie auch zu sehen."

„Werde auch ich sie sehen, wenn beim Fest des Pflügens geopfert wird?"

„Vielleicht, wenn du genau hinsiehst."

„Und wenn alles Einbildung wäre?"

„So viele Menschen haben daran geglaubt ... über Generationen hin."

„Glaubst du daran, Asita?"

„Ich bin auf der Suche nach einem Glauben."

„Ich vermute", sagt Siddharta, „es ist dir auch zu einfach. So einfach kann es nicht sein."

„Wenn du mich nach der Erfahrung meines Lebens fragst: Man tut gut daran, demütig zu sein. Soviel kannst auch du wohl akzeptieren. Gastfreundschaft muß damals noch viel wichtiger gewesen sein als heute. Diese frühen Menschen sprachen die Gastfreundschaft heilig."

„Sie dachten sich ein Märchen aus, um die Bedeutung der Gastfreundschaft jedem deutlich zu machen."

„Eine menschenfreundliche Geschichte."

„Für mehr hältst du es also nicht?"

„Was nicht heißen soll", erwidert Asita, „daß mir diese Burschen imponierten, die neuerdings an gar nichts mehr glauben. Materialisten nennen sie sich."

„Ich fragte dich nach deinem Glauben."

„Der ist unwichtig. Ich bin ein einzelner alter Mann. Ein Königssohn muß wissen, was das Volk glaubt. Dazu hat mich dein Vater rufen lassen."

„Was mir an dir gefällt", sagt Siddharta, „du bist nicht so wie die Brahmanen."

„Wie sind die?"

„Sehr stolz und hochmütig."

„Ein zukünftiger Fürst muß sich bemühen, jeden zu verstehen. Es ist ein langer Weg, den man zurücklegt, ehe man ein Brahmane wird. Zwölf Jahre bei einem brahmanischen Guru das Feuer versorgen, Hymnen, Mantras und Riten lernen. Erst dann darf er sein Haar knoten, darf die Opfer zelebrieren. Wenn er oben ist, genießt mancher nur noch die Macht und vergißt die Demut."

„Aber wie sind die Brahmanen so mächtig geworden?"

„Sie allein konnten die Götter an den Tisch der Menschen bitten. Die Götter wurden von den Menschen bewirtet ... mal großzügig, mal knauserig. Entsprechend fielen ihre Gegengaben aus. Die Götter ließen die Sonne scheinen, spendeten Regen, vermehrten das Vieh, schenkten Wohlstand, langes Leben."

„Oder auch nicht ..."

„Ganz recht. Sie waren rasch beleidigt, wenn man ihnen nicht ihre Lieblingsspeisen hinstellte, wenn man die Lieder, die ihnen zu Ehren gesungen wurden, verballhornte oder ein Wort in den Gebeten falsch aussprach. Es gibt ein Opferwort: Wer es kennt und es richtig betont, kann angeblich die Götter zwingen, daß sie die reichlichen Gegengaben nicht vergessen."

„Das glaube ich nicht."

„Was glaubst du nicht?"

„Daß man die Götter zwingen kann. Wie wären sie Götter, wenn Menschen über sie Macht hätten."

„Nicht alle Menschen, nur die Brahmanen."

„Und nur, weil sie ein Wort richtig betonen? Dann wären ja die Brahmanen eigentlich die Götter."

„Manche der Opferbrahmanen benehmen sich auch so."

„Und warum lassen die Menschen sich das gefallen?"

„Weil sie Angst haben ... vor dem Unglück, vor dem Hunger, vor der Armut, vor der Heimatlosigkeit, vor dem Sterben."

„Du hast mir immer noch nicht gesagt, was dein Glaube ist."

„Das mit dem richtig betonten Wort ist nicht so dumm, wie es zunächst den Anschein hat", sagt Asita.

„Erkläre es genauer."

„Nun", sagt Asita nach einer Zeit des Nachdenkens, „wenn wir uns nicht mit Märchen zufriedengeben wollen, brauchen wir ein System von Worten, von abstrakten Begriffen, um zu erklären, worauf die Welt beruht, was Himmel und Erde ausmacht. Verstehst du, was ich meine?"

Siddharta nickt.

„Ein solches Vorgehen hat den Vorteil, daß es besser überprüfbar ist durch den menschlichen Verstand. Es ist genauer ... genauer, aber auch weniger anschaulich. Geht man aber so vor, dann müßte man zu einem letzten Begriff gelangen, von dem alle anderen abzuleiten sind, der sie alle zusammenfaßt, in sich aufhebt. Damit aber sind wir nahe bei dem, was die ursprüngliche Bedeutung jenes Zauberwortes der Brahmanen gewesen sein könnte."

„Deinen Glauben ...", erinnert Siddharta, der sehr hartnäckig sein kann.

„Ich weiß nur einen Weg. Nicht dessen Ende", fährt Asita fort. „Man muß danach fragen, was Wirklichkeit und Traum umschließt."

4.
Das Fest des Pflügens

Das Fest beschäftigt alle.

Auch innerhalb der Mauern des Palastes ist kaum von etwas anderem die Rede.

Die Frauen beraten miteinander, welche Kleider sie anziehen und welchen Schmuck sie anlegen sollen. Für die Hofbeamten und Diener ist es wichtig, in welcher Reihe des Festzuges sie marschieren. Die Kinder hoffen darauf, daß etwas Wunderbares geschehen wird.

Siddharta freut sich, weil nach seiner ersten Teilnahme am Fest des Pflügens seine Bewegungsfreiheit nicht länger eingeschränkt sein wird. Er ist jetzt vierzehn. Wenn er beim Fest des Pflügens neben dem Vater vor den Altären gestanden haben wird, gilt er als erwachsen. Und für die Zeit nach dem Fest hat ihm sein Vater ein Pferd geschenkt.

Das Fest des Pflügens dient dazu, von den Göttern Fruchtbarkeit für die Felder zu erbitten, deren Bestellung danach beginnt.

Siddharta spürt, wie er von der Vorfreude und Erwartung all der anderen angesteckt wird. Aber er kann sich dieser Freude nicht rückhaltlos ausliefern. Er fürchtet sich davor, in eine Falle zu laufen. Sich zu freuen und plötzlich festzustellen: Für ihn gibt es keinen Grund zur Freude.

Er hat solche Erfahrungen schon ein paarmal gemacht. Er ist vorsichtig geworden.

Wie beschäftigt alle sind!

Man erzählt, daß aus den Dörfern gegen die Berge hin nicht weniger als zwanzig Lastkähne voller Opfergüter,

Reis, Weizen und Gerste, angekommen seien. Man hat das Getreide vom Fluß auf Eseln zur Opferwiese geschafft, wo es nun zu kleinen Bergen aufgeschüttet liegen soll. In der Nacht sind zwei Diebe festgenommen worden, die versucht haben, von dem Opfergetreide zu stehlen. Siddharta hat gehört, daß man den armen Burschen bei der Zeremonie die rechte Hand abhacken und sie mit zu Varunas Opfern legen werde.

Die Straßen zu dem Opferplatz sind mit Girlanden geschmückt worden.

Es sind zahllose Leute aus den Dörfern des Landes in die Hauptstadt gekommen. Siddharta hört, daß die Kaufleute und Wirte ein gutes Geschäft machen werden. Er hört, daß einige Hofbeamte darauf warten, daß der Fürst an diesem Tag ihre Beförderung bekanntgibt.

Und dann ist der Festtag da.

Als Siddharta auf den Balkon vor seinem Zimmer tritt, hört er von der Opferwiese her schon das Summen der Menschen. Es müssen Hunderte von Menschen sein, und immer noch kommen neue hinzu.

Später nimmt im Torweg der Zug aus dem Fürstenpalast Aufstellung. An der Spitze gehen zwanzig Brahmanen, von denen je fünf zum Dienst an den vier Altären eingeteilt sind. Erst nach ihnen kommen Suddhodana und Siddharta. Dann folgt Pajapati und neben ihr Nanda.

Hinter ihnen stehen die beiden Haushofmeister mit ihren Familien, dann die Generäle, die politischen Berater des Fürsten und alle übrigen Mitglieder der Kshatrya-Kaste. Darauf folgen die Vaishyas, die Angehörigen der Kaufmannskaste, von denen auch einige im Palast angestellt sind, und ganz hinten die Knechte, Diener und Mägde, die zur Kaste der Shudras gehören.

Die Ränder der Festwiese sind dicht mit Menschen gesäumt. Gegen Osten hin sieht Siddharta eine quadratische Feuerstelle. Sie stellt die Erde dar. Dort werden die Opferspeisen und Feldfrüchte verbrannt. Ihr Geruch soll die Götter herbeilocken.

Im Westen steht eine erhöhte Altarplattform, die nach jeder Opferhandlung mit frischem Gras bestreut werden muß. Das Feuer hier brennt in einer runden Feuerstelle, die an die Sonne erinnert, die alle Früchte reifen läßt.

Es steht auch ein gedeckter Tisch dort. An ihm sollen die Götter Platz nehmen.

Im Süden schließlich brennen zwei Feuer. Der eine Feuerplatz ist halbkreisförmig und stellt den Mond dar. Dieses Feuer soll die Dämonen von der Störung der Opferhandlung abhalten.

„Und das andere Feuer?" fragt Siddharta seinen Vater, verwundert, daß dieser es nicht erwähnt hat.

„Es ist nicht weiter wichtig."

„Bitte ...", fragt Siddharta eindringlich, „was geschieht dort?"

„Dort opfert man für die Shudras."

„Aber warum haben sie eine eigene Opferstelle?"

„Nun ... das ist eben so."

Vater und Sohn werden zu einem von zwei Büffeln gezogenen Holzpflug geführt, mit dem sollen sie eine Furche durch die Wiese ziehen. Hinter ihnen geht ein Brahmane, der Körner ausstreut.

„Du mußt darauf achten, daß die Furche gerade wird", erklärt Suddhodana seinem Sohn. „Das verheißt eine reichliche Ernte."

Während Siddharta sich bemüht, die unregelmäßigen Bewegungen des Ochsengespanns auszugleichen, hört er hinter sich die Brahmanen singen.

„Was singen sie?" fragt er den Vater.

„Eine Hymne."

„Und der Text?"

„... verstehe ich auch nicht. Es ist eine alte Sage."

„Aber wenn das Lied niemand versteht", sagt Siddharta empört, „warum wird es dann gesungen?"

„Frag Asita, wenn er das nächste Mal kommt. Jetzt achte darauf, daß die Furche gerade wird."

Sie kommen mit dem Pflügen zu Ende.

Sehr gerade ist die Furche nicht geworden. Aber die Gruppe der Bauern, die sie zusammen mit vier Brahmanen abschreitet, verkündet den Zuschauern, die zu weit entfernt stehen, um selbst genau sehen zu, unter Winken und Luftsprüngen: „Schnurgerade ... eine herrlich gerade Furche!"

„Reiche Ernte!" schreien die Zuschauer glücklich.

Nun besuchen Vater und Sohn drei der vier Altäre.

An dem Speiseplatz der Götter schaufeln Männer Reis, Weizen und Gerste in Holzeimer. Siddharta bekommt auch einen solchen Eimer in die Hand gedrückt. Was soll er damit?

Der Vater sieht, daß er zögert. „Tu genau, was ich tue."

Siddharta folgt Suddhodana hinauf auf die Altar-Plattform und schüttet nach ihm den Inhalt seines Eimers in die Flammen. Jetzt muß man stehenbleiben und wieder warten, bis die Brahmanen mit einem langen Gesang zu Ende kommen, von dem er wiederum kein Wort versteht. Frisches Gras wird ausgestreut.

Danach geht der Vater mit ihm hinüber zu Varunas Altar. Dort wird vor ihren Augen den beiden armen Schelmen die rechte Hand abgeschlagen.

Schreie.

Blutende Arme.

Niemand, der da Mitleid empfindet.

Eine abgeschlagene Hand fliegt auf den Platz der brennenden Erde. Ein Gestank von versengtem Fleisch weht heran.

Wieder beginnt dieser Gesang, Strophe um Strophe, leiernd, unverständlich.

Siddharta sieht in die Gesichter der Brahmanen. Wie wichtig sie sich nehmen. Wie gewiß sie sind, daß man sich nur durch sie mit den Göttern in Verbindung setzen kann. Wenn es Indra gäbe, er müßte mit den Blitzen aus seinem Zepter dreinschlagen.

Ein Umzug beginnt.

Vom ersten Altar zum dritten Altar.

Überall lange Gesänge.

Verbeugungen.

Mienen voller Anmaßung und Eitelkeit.

Zu dem vierten Altar gehen sie nicht.

Eimer um Eimer voller Getreide wird in die Flammen geschüttet und verbrennt dort. Wie viele Hungrige könnten satt werden davon ... Ich bin nicht hungrig, denkt Siddharta, warum kümmert es mich, da doch auch jene, die Hunger leiden, mitjubeln? Nachdem sie siebenmal die Runde von Altar zu Altar gemacht haben, verkündet ein Hornsignal, daß alle Opferzeremonien nun zu Ende sind.

Diener eilen herbei, bringen Getränke und süßen Kuchen.

Die Hofleute scharen sich um den König, gratulieren zur geraden Furche. Schon der nächste Satz der Unterhaltung betrifft ein Pferderennen.

Siddharta kommt sich unter den Höflingen und den Brahmanen, über deren Naschsucht die Höflinge Witze machen, überflüssig vor. Vorsichtig stiehlt er sich fort. Es fällt niemandem auf.

Noch immer wird Getreide in Eimer geschaufelt, hinaufgetragen und oben verbrannt. Wenn ich Fürst bin, nimmt sich Siddharta vor, werde ich diese Opfer verbieten. Es gibt nichts Sinnloseres.

Aber dann denkt er an die Gesichter der Brahmanen, und er weiß, daß es wohl nicht in der Macht des Fürsten steht, solche Verbote durchzusetzen. Er geht an der Plattform vorbei.

Dort stehen Brahmanen, die den Bauern Bänder verkaufen, auf die Zaubersprüche geschrieben sind. Eine lange Reihe von Menschen wartet geduldig.

„Wozu braucht man diese Bänder?" fragt Siddharta einen der Wartenden.

„Man verbrennt sie auf dem Feld oder im Stall. Dann gibt es reichere Ernten, und die Kühe geben mehr Milch."

„Was zahlst du für ein solches Band"?

„Dreißig Silbermünzen, Prinz."

„Und wie lange mußt du arbeiten, bis du dreißig Silbermünzen erwirtschaftet hast?"

„Ein, zwei Monate, Prinz."

„Ich danke dir für die Auskunft", sagt Siddharta, greift in die Hosentaschen, kramt alle Münzen zusammen, die er dort bei sich trägt, und gibt sie dem Mann. Er geht weiter.

Nur fort von den Menschen.

Warum sind sie so dumm?

Warum gehen sie auf den faulen Zauber ein?

Das Gewirr der Stimmen hinter ihm wird leiser. Er sieht einen Rosenapfelbaum, geht auf ihn zu, setzt sich in den Schatten, den das Geäst wirft. Rücken und Kopf lehnt er an den Stamm. Er schließt die Augen und verspürt ein Gefühl von Erleichterung. Diese Leere ist angenehm.

Erst sind noch Gedanken in ihm ... über den Hochmut der Brahmanen, die so tun, als seien sie selbst die Götter; über die Narrheit, eine Menge an Getreide zu verbrennen, von der Hunderte der Ärmsten satt werden könnten.

Man müßte die Menschen aus ihrer Dummheit befreien.

Man müßte die Menschen aus ihren Ängsten erlösen.

Dann kippt auch dieses Wünschen und Wollen in ein Nichts.

Man muß Mut haben, diesen Sprung zu tun.

Zunächst fürchtet er sich vor dem, was ihn nach diesem Sprung erwartet. Aber als er den Sprung getan hat, fühlt er sich erleichtert. Er ist sorglos.

Es ist eine merkwürdige Heiterkeit, die so lange anhält, wie es gelingt, alle Gedanken abzuhalten, die in dieses Nichts einzudringen versuchen.

Er weiß nicht, was das ist. Deswegen nennt er es bei sich: ein Nichts. Er spürt, daß ein Nachdenken darüber den Zustand wieder aufheben würde. So überläßt er sich diesem Zustand, der ihm als Nichts erscheint.

„Prinz, Euer Vater, der Fürst, wünscht, daß Ihr auf der Stelle vor ihm erscheint."

Wer hat das gesagt? Siddharta schlägt die Augen auf. Er lächelt. Sein Gesichtsausdruck scheint den Diener, der ihn rufen kommt, zu erstaunen.

„Folgt mir, ich führe Euch zum Fürsten."

Noch wie im Traum steht Siddharta auf und folgt dem Boten.

Als sie zu Suddhodana kommen, sagt der: „Du mußt bei mir bleiben. Wo warst du denn?"

„Ein wenig ausruhen", erwiderte Siddharta lächelnd.

„Ein guter Fürst darf sich keine Ruhe gönnen."

Ein Satz, von dem Siddharta weiß, daß er nur gesagt wird, um auf die Hofbeamten und Generäle Eindruck zu machen, die um den Vater herumstehen. Er spürt den Zorn des Vaters.

Er hält still. Die Erregung fährt in ihn wie ein Messer in Fett; und er wundert sich, daß er so der Wut ein Ende zu setzen vermag.

Die Menschen reden, schmeicheln, schlagen rad, prahlen, sie essen, trinken, werden betrunken, werden müde. Er nimmt das alles wahr, ohne Empörung.

Es ist ein Widerschein seiner Empfindung unter dem Rosenapfelbaum, die ihm die Kraft dazu gibt.

Als das Fest zu Ende geht, schaut er genau in die Gesichter der Menschen. Er sieht in ihren Mienen Enttäuschung. Dabei schneiden sie Grimassen des Glücks.

Spät am Abend ruft ihn der Vater noch einmal zu sich. „Du stellst häufig Fragen am falschen Ort und zur falschen Zeit", rügt ihn der Vater. „Um jetzt noch einmal auf die Hymnen und ihre Texte zurückzukommen: Sie werden unter den Brahmanen vom Vater auf den Sohn weitervermittelt. Nur wer ein Brahmane ist, darf sie rezitieren. Es ist nicht nötig, daß man die Worte versteht. Die Bauern wissen die magische Kraft zu schätzen, die von den heiligen Hymnen ausgeht. Sie vertrauen auf sie. Man darf solches Vertrauen nicht erschüttern."

„Die Macht der Tradition", meint Siddharta. Bei solchen Sätzen weiß man bei ihm nie – sind sie eine Feststellung, oder spottet er.

„Eben", sagt der Vater. „Ein Fürst, der an der Macht bleiben will, tut gut daran, Traditionen zu achten und zu schützen."

„Wer sagt uns", fragt Siddharta, „daß diese Brahmanen in ihren Gesängen die Worte Esel und Rind nicht von hinten nach vorn buchstabiert hersagen?"

Der Fürst runzelte die Stirn. „Es ist Frevel, die heiligen Traditionen zu verhöhnen."

„Die Brahmanen verhöhnen ihren Sinn ... vielleicht ohne es zu merken."

„Ist ein Dämon in dich gefahren, Sohn?"

„Nicht doch", sagt Siddharta. „Ich will nur den Sinn dessen begreifen, was ich glauben soll."

„Es ist noch keinem gut bekommen, die Brahmanen zu kritisieren und sich zu Feinden zu machen. Jung, wie du bist, woher nimmst du eigentlich die Berechtigung zu deiner Kritik?"

Siddharta liegt es auf der Zunge zu antworten: „Aus nichts anderem als aus mir selbst." Aber das würde wieder ein langes Streitgespräch mit dem Vater nach sich ziehen. Es würde gewisse Sorgen, von denen er ahnt, daß der Vater sie sich macht, noch verstärken.

Die Erinnerung an den Zustand unter dem Rosenapfelbaum gibt ihm Gelassenheit. Es ist eine Kraft in diesem Erlebnis, für die er keine Worte hat, über die er sich noch genauer klarwerden muß.

Er sagt: „Ich danke Euch, Vater. Heute war ein Tag, an dem ich viel gelernt habe. Es ist ein großes Verlangen in mir, zu lernen und zu verstehen. Vielleicht, daß ich dieser Begierde manchmal zu unbedingt folge. Verzeiht."

„Du grübelst zuviel, Junge. Mach dir das Leben nicht schwerer, als es ohnehin schon ist", sagt Suddhodana. „Wie gefällt dir eigentlich das Pferd, das ich dir geschenkt habe?"

„Danke für das Pferd. Ich gehe gleich, es mir anzusehen." Es ist merkwürdig. Er hat gar nicht mehr an dieses Geschenk gedacht. Es ist ihm nicht mehr wichtig. Aber wer würde das verstehen?

5.
Die Freunde gehen in die Fremde

Siddharta hat zwei gute Freunde.

Sapu, der Sohn eines Generals, und Kapila, der Sohn eines Haushofmeisters.

Sie spielen Ball miteinander. Der Ball wird von einem Spieler gegen eine der drei Wände des Spielplatzes geschlagen. Der Ball springt mit großer Wucht zurück. Der nächste Spieler ist an der Reihe.

Jeder Spieler plaziert den Ball so, daß es für den, der nach ihm kommt, schwierig wird, ihn zurückzuschlagen.

Es gibt Finten und Tricks.

Die drei Freunde sind bei diesem Ballspiel unermüdlich. Ohne viel zu reden, fühlen sie sich dabei eng miteinander verbunden.

Es ist angenehm für Siddharta zu wissen: Morgen werden sie wieder miteinander spielen. Morgen wird man die geschmeidigen Bewegungen von Sapus Körper sehen und darüber lachen, wenn der etwas schwerfällige Kapila einen angeschnittenen Ball nicht erreicht.

Sapu ist ehrgeizig und eifrig.

Kapila ist lässig und großzügig.

Es ist ein Zusammenhang und eine Vertrautheit zwischen den drei Jungen, die Siddharta als behaglich empfindet.

Eines Tages wirkt Kapila unkonzentriert.

„Was hast du?" fragt Siddharta.

„Es ist nichts."

„Doch, ich spüre es. Etwas beunruhigt dich."

„Daß du auch immer alles gleich merkst", sagt Kapila.

„Nun gut ... mein Vater will mich nach Takkasila schicken. Ihr wißt doch: dort lehrt Uddalaka Aruni, ein weiser Mann. Natürlich freue ich mich auf die weite Reise, aber ich frage mich auch, wie es sein wird in dieser fremden Stadt. Hier habe ich meine Freunde. Ob ich dort so rasch welche finde ... wer weiß."

Siddharta versucht, Kapila zu beruhigen. „Die meisten vornehmen Familien schicken ihre Söhne nach Takkasila, Varanasi oder nach Rajagaha, wenn sie es sich leisten können. Es gibt bessere Lehrer dort. Gewiß werden wir dich hier vermissen. Aber du kommst doch nach Kapilavastu zurück. Dann sind wir wieder zusammen."

„Ich habe einen besseren Vorschlag", sagt Sapu. „Warum bitten wir unsere Eltern nicht, daß Asita uns alle unterrichtet? Er kennt uns, wir kennen ihn. Wir müßten dann unsere Eltern nicht verlassen und könnten zusammen bleiben."

„Ich weiß nicht", sagt Siddharta. „Glaubst du wirklich, wir könnten ewig so zusammen Ball spielen?"

Am Abend beim Essen erzählt Siddharta bei Tisch den Eltern und seinem Bruder, daß Kapila nach Takkasila gehen wird. Im stillen hofft er, Suddhodana werde sagen: „Ja, und du bist auch bald an der Reihe."

Statt dessen sagt Pajapati: „Siddharta, du solltest nicht traurig sein, daß Kapila uns verläßt. Auch Sapu wird reisen. Seine Mutter hat es mir gestern erzählt. Wenn Sapu und Kapila zurückkommen, werden sie in der Lage sein, dir zu helfen. Ich meine, wenn du einmal der Fürst bist, wirst du in ihnen gebildete Berater haben."

Offenbar soll er also nicht in die Fremde. Und er hat sich so darauf gefreut. Er würde keinen Augenblick Furcht oder Bedauern empfinden. Neue Menschen, neue Gedanken: Er weiß nichts, was ihm mehr Freude machen würde.

Offenbar spürt der Vater, daß er erklären sollte, warum er seinen Sohn hierbehalten will. Suddhodana sagt: „Ich habe mit Asita gesprochen."

„Ist er nicht zufrieden mit mir?" fragt Siddharta.

„So kann man es nicht nennen. Er sagt, du stellst manchmal Fragen, auf die er alle Mühe hat, eine Antwort zu finden."

Pajapati lächelt stolz.

„Was spricht dann dagegen, daß auch ich nach Rajagaha, Savatthi oder nach Varanasi gehe?" fragt Siddharta.

„Wir finden beide, daß du ein Mensch bist, der allein auf Grund von Autorität oder Tradition nichts anerkennt", fährt der Vater fort. „Diese Städte aber sind die Brutstätten neuer Ideen und Ansichten. Brahmanen und Asketen führen dort ihre endlosen Streitgespräche über philosophische und religiöse Probleme."

„Herrlich", ruft Siddharta und klatscht in die Hände.

„Derlei", sagt der Vater ruhig, „lenkt von dem Wissen ab, das ein zukünftiger Herrscher sich aneignen sollte."

„Das heißt also: Ich darf nicht in die Fremde wie Kapila und Sapu?"

„Einer, der über andere herrschen will, muß erst einmal über sich selbst herrschen. Er muß lernen, auf manche Freude zu verzichten", sagt der Vater.

Siddharta überlegt. „Und wenn ich darauf verzichtete, Herrscher zu werden?"

„Einfälle hast du", sagt der Fürst bestürzt. „Wer gibt dir solche Gedanken ein?"

„Das kannst du doch deinem Vater nicht antun", ruft Pajapati.

„Es würde mich sehr traurig machen", sagt Suddhodana voller Selbstmitleid.

„Nanda könnte dein Nachfolger werden."

„Ich!" ruft Nanda. „Aber nein. Du bist der Älteste."

„Das Gesetz schreibt vor, daß der älteste Sohn des Fürsten sein Nachfolger wird", erinnert Pajapati.

„Man könnte das Gesetz ändern ...", sagt Siddharta.

„Das sieht dir ähnlich, mein Sohn. Wenn dir ein Gesetz

nicht paßt, wird es geändert", sagt der Vater erbittert. „So einfach ist das nicht mit der Änderung von Gesetzen. Du solltest dich einmal mit der Gesetzgebung befassen."

„Es könnte doch sein, daß Nanda mehr Begabung für die Staatsgeschäfte hat als ich", gibt Siddharta zu bedenken.

„Willst du uns alle in Schande stürzen?" klagt Pajapati.

Einen Augenblick überlegt Siddharta. Es verlockt ihn manchmal, konsequent seinen Einfällen zu folgen und zu sehen, was dann geschieht. „Gut", sagt er dann, „ich füge mich. Aber ist es euch je eingefallen, daß Gedanken auch reisen? Ich meine: Selbst wenn ich nun nicht zu den berühmten Lehrern fahre, kommen ihre Gedanken vielleicht zu mir."

„Schon möglich", erwidert der Vater. „Aber bis dahin wirst du hoffentlich reifer und klüger geworden sein, und du wirst unterscheiden gelernt haben, welche Ideen nützlich und welche für einen Staat gefährlich sind. Ich habe übrigens Vessamitta und Bharadvaja gebeten, daß sie dich in der Kriegskunst und in der Kunst des Regierens unterrichten. Es wird dir bestimmt guttun, wenn du dich mehr mit der Wirklichkeit beschäftigst als mit Göttern und Spekulationen über ihre Art und ihr Wesen."

Zwei Wochen später treten Siddhartas Freunde ihre Reise in die Fremde an. Er hat sich vorgenommen, den Abschied von Kapila und Sapu leichtzunehmen. Er zwingt sich, bei dem Aufbruch der beiden mit dabeizusein. Er wünscht ihnen Glück, scherzt, bis sie losreiten.

Danach geht er in eine Kammer und weint.

Als er sich gefangen hat, wundert er sich, warum ihn dieser Verlust so schwer trifft. Er sieht sie wieder vor sich: Sapu schmal und energisch, Kapila lässig, warmherzig. Es würgt ihn wieder im Hals. Er darf sich ihr Bild nur nicht so eindringlich vorstellen, dann ist es besser. Er fühlt sich elend, allein, ohne Freude.

6.
Ein Gespräch über den Körper des Brahma

Siddharta stürzt sich aufs Lernen. Mit Asita liest er die Gesänge der Veden, lernt die Grammatik der alten Sprache, die Bedeutung ihrer Wörter. Jetzt kann er die Hymnen übersetzen, die bei den Opferungen gesungen werden. Er findet sie poetisch schön, in ihrem Sinn aber fremd. Beispielsweise diese:

Glückwunsch dem Häuptling[1]

Indra, laß groß werden diesen Krieger,
Zum Schatz der Bauern mache ihn,
Räume hinweg all seine Feinde
Und unterwirf sie ihm in künftigen Tagen.

Erhalte ihn dem Land mit Roß und Rindern,
Abhalte jeden, der sein Feind ist,
Ein tapferer sei der Fürst,
O Indra, unterwirf ihm jeden Gegner.

Er sei hier Herr von allen Gütern,
Fürst und Herr der Bauern;
Um ihn leg hohen Glanz, o Indra,
Und glanzlos mache seine Widersacher.

---

[1] Übertragen von Friedrich Rückert. In „Atharwaweda", ohne Jahresangabe.

Bei Vessamitta lernt er Schwertfechten und Bogenschießen. Er wird ein guter Reiter und dehnt seine Ritte ins Land immer weiter aus.

Am meisten fesselt ihn, was Bharadvaja über die Ordnung im Staat und die Kunst, ein Land zu regieren, sagt. Er schätzt es an Bharadvaja, daß dieser Diskussionen auch dann nicht abschneidet, wenn sie ganz eindeutig die Grenzen seines Sachgebiets überschreiten.

Einmal fragt Siddharta ihn: „Wie müßte ich mich als Herrscher dieses Landes verhalten, wenn der König von Magadha darauf verfallen würde, uns mit Krieg zu überziehen?"

„Natürlich wäre es töricht, sich zur Wehr zu setzen", erwidert Bharadvaja. „Wir sind wie ein kleiner Fisch im Ozean, und die großen Fische können uns verschlingen, ohne daß sie große Schwierigkeiten fürchten müssen. Das ist das Wesen eines kleinen Landes. Dagegen kann man nichts machen. Man muß die Wesensart der Dinge erkennen und akzeptieren. Aus einer realistischen Beurteilung von Macht und Ohnmacht ergibt sich das richtige Handeln."

Gerechtigkeit in der Welt ist eine Frage, die Siddharta immer wieder beschäftigt. „Ist das nicht ungerecht? Warum verleiht Brahma dem einen so offensichtliche Vorteile, während ein anderer sich nur in seine Nachteile fügen kann?"

„Die Welt ist nun einmal so gemacht. Brahma, der Schöpfer, war sich der Existenz des Unrechts sehr wohl bewußt. Er prüfte sich nach dieser Erkenntnis und erkannte: Gerechtigkeit kann es nur geben, wenn es auch Ungerechtigkeit gibt. Seine Absichten waren nicht böse. Sie waren durch und durch lauter. In seiner großen Weisheit ging er davon aus, daß etwas in der Schöpfung nicht mit seinen Wünschen übereinstimmen würde. Er ließ es zu. Er sah voraus, daß es das Böse geben würde und daß es das von ihm geschaffene natürliche Gleichgewicht stören würde ..."

„Halt", fällt ihm Siddharta ins Wort, „soll ich annehmen: Unser Volk sei von Brahma zum Bösen bestimmt, und die Magadhaner seien, weil sie mehr Macht haben, die Guten?"

„Nicht doch", antwortet Bharadvaja. „Wir müssen, wenn wir solche Betrachtungen anstellen, noch etwas anderes berücksichtigen. Diese Welt wurde nicht erst gestern geschaffen. Nicht Brahma hat uns in den Zustand versetzt, in dem wir uns heute befinden. Wir selbst tragen die Schuld daran. Es gibt ein ewig gültiges Gesetz, das darüber bestimmt, was wir sind und was wir sein werden: das Gesetz des Karma. Wer Gutes tut, kehrt nach seinem Tod in einer angenehmeren Gestalt wieder in die Welt zurück. Wer Böses tut, wird in einer lästigen, niederen Gestalt wiedergeboren."

„Dann hätten also doch zu irgendeinem Zeitpunkt der Vergangenheit unsere Vorfahren etwas getan, was unser Land dazu verurteilt, unbedeutend zu sein ... den Mächtigen ausgeliefert?"

„Vielleicht. Aber du und ich haben es auch in der Hand, das für die Zukunft zu ändern, indem wir uns Tag für Tag gegen das Böse und für das Gute entscheiden. Auch wir werden einmal Vergangenheit sein."

„Es erscheint mir trotzdem ungerecht", erwidert Siddharta. „Unser jetziger Zustand ergibt sich nicht so sehr aus unseren eigenen Taten, sondern aus den Taten derer, die vor uns kamen. Wir leiden an etwas, woran wir keine Schuld haben."

„... wenn du so willst: ja. Das ergibt sich aus der Verbundenheit aller Wesen und Dinge im Kosmos. Aber noch einmal: Wir haben es in der Hand, wie die Zukunft aussehen wird ... die Zukunft der Menschen und die Zukunft aller Wesen und Dinge. Wir sind nur unbedeutende Menschenwesen, aber wir sind zugleich auch Teil des kosmischen Wesens. Wir sind mit ihm identisch und zugleich von ihm verschieden. Es ist wie mit dem Gold. Nimm einen Klumpen in die eine und Goldmünzen in die andere Hand. Die Gestalt ist verschieden, aber beides ist Gold."

„Und aus dem Gesetz des Karma kommt keiner frei?"

„Nein, es ist unaufhebbar."

„Schrecklich. Man müßte es ändern."

„Es ist das Gesetz der Welt und das allen Lebens", sagt Bharadvaja ernst und mit einem Unterton, als sei Siddhartas Gedanke eine Blasphemie.

„Es sollte möglich sein, es zu ändern ..."

„Solchen Gedanken solltest du keinen Raum geben. Sie führen zu Hochmut und Selbstüberschätzung."

„Aber wenn ich sie denken kann", ruft Siddharta aus, „wenn ich sie denken kann, muß Brahma doch die Möglichkeit zugelassen haben, daß sie gedacht werden. Und etwas ganz anderes möchte ich noch wissen: Der Stand des Menschen in dieser Welt, sein Rang, sein Ansehen, die Einteilung der Menschen in Gruppen und Kasten ... erklärt sich das auch alles durch das Karma?"

„Es gab einen weisen Mann", erwidert Bharadvaja, „er hieß Narayana. Er hat eine berühmte Hymne geschrieben, das Purusha-Lied."

„Ich habe bei Asita davon gehört", sagt Siddharta. „Aber vielleicht ist mir die Bedeutung dessen, was Narayana sagen wollte, nicht voll und ganz deutlich geworden."

„Nach der Lehre des Narayana sind die Brahmanen der Mund des kosmischen Wesens, der Adel sind dessen Arme, die Kaufleute, Handwerker und Bauern sind seine Hüften, die Shudras seine Füße ..."

„Ja und?"

„Deswegen besitzen die Brahmanen die Fähigkeit, die Hymnen zu rezitieren, was sonst keiner vermag. Der Adel hat die Aufgabe, das Schwert zu schmieden, die Schlachten zu schlagen und das Land zu regieren. Die Vaishyas, die die Hüften des kosmischen Wesens sind, produzieren und verteilen jene Güter, deren es zum menschlichen Leben bedarf. Die Shudras, da sie die Füße sind, wurden dazu geboren, den drei anderen Kasten zu dienen, so wie die Füße des Brahma dessen Körper dienen. Ist das nicht eine wohl ausgedachte, verständliche, auf Harmonie abzielende Ordnung?"

„Großartig wahrlich", ruft Siddharta empört, „da darf man sich schinden und leidet Hunger, aber man hat immerhin die Genugtuung, den Fuß des Brahma darzustellen. Nein ... mir kommt das eher wie Hohn auf jegliche Gerechtigkeit vor."

„Du hast eine ungewöhnlich kritische Art, alle Dinge zu betrachten", sagt Bharadvaja, und vorsichtig fügt er hinzu: „... man könnte doch auch sagen, es sei ein schöner Trost."

„Verzeiht, aber ich habe noch eine Frage", sagt Siddharta, der es immer bedauert, wenn er Menschen mit seinen Überlegungen vor den Kopf stößt. „Warum haben wir eigentlich nicht die Kraft, immer gut zu sein, da wir doch wissen, daß uns das Böse nur einer schlechten Wiedergeburt näher bringt?"

„Wissen wir immer, was böse ist? Wir sind nur Menschen ... schwache, unvollkommene Wesen", antwortet Bharadvaja. „Aber in der Tat, je weiter unsere Einsicht fortschreitet, desto mehr sollte auch unsere Fähigkeit zunehmen, zu erkennen, daß es nur vernünftig ist, das Gute zu tun. Deshalb lernen wir. Aber wir müssen auch lernen, das Karma als ein unaufhebbares Gesetz hinzunehmen."

Ich will nicht, denkt Siddharta. Es ist ungerecht. Deshalb will ich es nicht. Aber das spricht er nicht aus.

7.
Ein neuer Freund

Zu dieser Zeit kehrt ein junger Mann namens Naradatta nach Kapilavastu zurück. Er hat geraume Zeit in Rajagaha und Varanasi verbracht, um dort seine Bildung zu vervollständigen. Er ist nicht so lange geblieben, wie seine Eltern, die zum Hofadel gehören, eigentlich erwartet haben.

Daß jemand vorzeitig aus der für ihn verlockenden Fremde zurückkehrt, ist für Siddharta schwer verständlich.

Siddharta sucht Naradattas Bekanntschaft.

Es stellt sich heraus, daß sie beide gern ausreiten. Auf einem dieser Ausflüge beginnt Siddharta, Naradatta über seine Erfahrungen in der Fremde auszufragen.

„Wie lange warst du im Süden?"

„Ein Jahr."

„Hat es dir dort nicht gefallen?"

„Zu reisen und neuen Gesichtern zu begegnen ist immer ein Gewinn. Was im Süden gelehrt wird, hat mich nicht allzusehr beeindruckt."

„Welcher Lehre hängen sie dort an?

„Ein gewisser Yajnavalka hat großen Zulauf. Er ist ein Philosoph, der seine Lehre im wesentlichen aus den Ideen der Weisen der Vergangenheit zusammensetzt. Das finde ich nicht sehr originell, weißt du."

„Von all den Lehren, über die man sprich – welche hat dich am meisten beeindruckt?"

„Ich bin ein Lokayata geworden."

„Das ist eine Lehre, von der ich bisher nur in Andeutungen habe sprechen hören. Erklär sie mir bitte."

Bisher hat sich Naradatta eher zurückhaltend gegeben. Jetzt wird er lebhafter.

„Nun", erklärt er, „ursprünglich bedeutete das Wort ‚Die der Welt Zugewandten'. Unsere Feinde nennen uns ‚Leugner' oder ‚Verneiner'. Wir sind der Meinung, daß jedes Denken, das über die sichtbare Welt hinausgreift, ein Hirngespinst ist. Wir glauben an keine Götter. Wir bestreiten auch, daß gute und böse Taten zu einer besseren oder schlechteren Form der Wiedergeburt führen. Wir erkennen als richtig: Wenn der Körper des Menschen einmal auf dem Scheiterhaufen zu Asche verbrannt ist, ersteht er nie wieder."

Siddharta schweigt einen Augenblick.

„Laß uns rasten", sagt er. „Was du mir da verkündest, ist eine sehr radikale Lehre. Ich muß erst einmal tief Atem holen und darüber nachdenken."

Sie steigen von den Tieren, binden sie an einen Baum an und setzen sich auf den Rasen.

Sie sehen einander ins Gesicht.

Siddharta merkt, daß es Naradatta schon leid tut, so viel über diese Lehre ausgeplaudert zu haben. Er konzentriert sich, um seinen neuen Bekannten zum Weiterreden zu veranlassen. Immer häufiger spürt er in letzter Zeit, daß er Macht hat über andere Menschen. Er ist sich nicht sicher, ob er das gut oder schlecht finden soll.

„Was sagt diese Lehre über den Schmerz und das Leid?" fragt Siddharta.

„Daß es viel Leid und Schmerz auf dieser Welt gibt, ist augenscheinlich", erwidert Naradatta. „Wer aber auf Sinnesvergnügen verzichtet, weil ihnen Schmerz beigemischt ist, der handelt wie ein Narr. Man wirft auch ein Reiskorn nicht fort, nur weil es von einer Spelze umschlossen wird."

„Ich bin immer wieder erstaunt", sagt Siddharta gelassen, „wie verschieden man alles ansehen kann."

„Nicht jeder ist so tolerant wie du", sagt Naradatta. „Du

brauchst nur einmal einem Opferbrahmanen gegenüber auf uns Lokayatas anzuspielen, und du wirst erleben: Er benimmt sich, als sei er von einer Tarantel gestochen worden. Verständlich ...", fährt er fort und hebt die Schultern. „Wenn sich diese Lehre durchsetzt, ist es mit der Macht der Opferbrahmanen vorbei."

„Dagegen hätte ich persönlich nichts einzuwenden", sagt Siddharta gelassen, „aber ich habe auch Zweifel, ob ihr recht habt. Es braucht keine Überwindung, so zu leben. Es klingt so einfach."

„Lebe vergnügt, solange Leben in dir ist. Iß Schmelzbutter, auch wenn du dich verschulden mußt. Wert hat im Leben allein, was die Freuden mehrt", zitiert Naradatta seinen Meister. Er sagt das mit provozierender Lässigkeit.

In diesem Augenblick hat Siddharta einen Einfall. „Weißt du", sagt er zu Naradatta, „es ist zu einfach, nur mit Worten über diese oder jene Lehre zu streiten. Was riskiert man schon dabei? Man sollte solche Lehren ausprobieren. Man sollte der Lehre gemäß zu leben versuchen."

„Warum nicht", sagt Naradatta, „leben wir als Lokayatas. Du mußt nur von unserem Experiment nicht überall herumerzählen. Es könnten sonst Leute kommen, die behaupten, ich hätte den Prinzen zu einem Sündenleben verführt."

„Man läßt mir in letzter Zeit viel Freiheit. Meine Lehrer scheinen mit mir zufrieden, und wenn sie es sind, ist mein Vater es auch. Ich muß keine Rechenschaft darüber ablegen, was ich heute und morgen tue. Ich möchte herausfinden, ob es so möglich ist, glücklich zu werden. Was schlägst du vor ... als ersten Schritt für einen angehenden Lokayata?"

„Hmm", sagt Naradatta. „Sich gut und scharf zu vergnügen, ist heutzutage gar nicht so einfach. Gehen wir zu einer Ganika?"

„Was ist das?"

„Willst du behaupten, du habest noch nie etwas von einer solchen Frau gehört?" Naradatta scheint amüsiert.

„Eine Kurtisane, meinst du? Nein, ich bin noch nie bei einer gewesen. Es gab Leute am Hof, die wollten mich zu einer Ganika mitnehmen. Aber ich fand es immer empörend ... ich meine: sich Liebe zu kaufen."

Naradatta lacht. „Diese Empfindung mußt du natürlich gleich in dir ausrotten. Eine geringe Anstrengung, die dazu nötig ist. Es gibt einen Spruch: Ist der Ruf erst ruiniert, lebt sich's künftig ungeniert. Und gibt es nicht auch ein Sprichwort, das besagt: Jedes Ding auf dieser Welt hat seinen Preis? Übrigens: Von einem Prinzen würde sie wahrscheinlich nicht einmal Geld nehmen."

„Weil er ein Prinz ist?"

„... Oder weil du ihr gefällst. Das gibt es auch. Hin und wieder. Ich habe es erlebt."

„Verstehst du", sagt Siddharta, „es müßte doch die größere Lust sein, um seiner selbst willen geliebt zu werden ..."

„Zweifellos ist es das. Ich sehe schon, du hast erlesene Gelüste. Laß dich dazu beglückwünschen."

„Gut", sagt Siddharta, „gehen wir zu einer Ganika, die nicht weiß, daß ich ein Prinz bin." Er überlegt und fährt fort: „Die in der Hauptstadt hat mich gewiß schon einmal gesehen, und sei es beim Fest des Pflügens."

„Ich kenne eine, die hat ihr Haus ein paar Meilen vor der Stadt. In einem Park ... am Fluß. Ihr Etablissement ist berühmt für die vielen hübschen Tanzmädchen. Es verkehren zumeist ausländische Kaufleute dort. Du würdest dort niemandem aus dem Palast deines Vaters begegnen."

„Also gut", ruft Siddharta, „reiten wir morgen abend zu ihr. Aber ich verlange von dir, daß du niemandem sagst, wer ich bin."

„Wenn man uns ausfragt, werden wir sagen, wir seien zwei Lokayatas. Das wird uns einen gewissen Ruf bei den Tanzmädchen geben. Verlaß dich darauf, wir werden uns gut amüsieren."

Werde ich dieses Gefühl von Schmerz und Leid ganz vergessen? überlegt Siddharta. Ich werde mich beobachten. Ich will sehen, ob das geschieht.

8.
Das Tanzmädchen

Am folgenden Abend reiten die beiden Freunde aus der Stadt.

Sie folgen dem Fluß.

Sie kommen zu dem Haus der Ganika, das umgeben von hohen Bäumen am Ufer steht.

Sie treten ein und mischen sich unter die Gäste.

Die Ganika heißt sie willkommen.

Als sie nach ihren Namen fragt, antwortet Naradatta wie verabredet, sie seien zwei reisende Lokayatas. Ihre Namen seien ohne Belang. Man habe ihnen in der letzten Herberge erzählt, daß man sich hier gut vergnügen könne.

Die Ganika, eine ältere Frau in einem safrangelben Sari und klirrenden Silberreifen an den Armen, scheint nicht weiter erstaunt. „Ich hoffe", sagt sie lächelnd und weist auf ihre Mädchen, die mit den ausländischen Kaufleuten flirten, „wir werden einem Ruf, der bis in die Ferne dringt, gerecht."

„Was zahlt man bei Euch für den Abend?"

„Ihr seid uns willkommen, junge Herren. Von Geld reden wir, wenn Ihr Euch amüsiert habt." Sie winkt eines der Mädchen herbei, das Gläser mit einem berauschenden Getränk anbietet.

Sie trinken, und die Ganika läßt sich erklären, welcher Lehre die Lokayatas anhängen.

„Wenn man Euch zuhört", sagt sie zu Naradatta, „sind wir hier alle schon Lokayatas, ohne es bisher gewußt zu haben."

Dann kommt ein kleiner dicker Kaufmann und fragt nach einem Mädchen, das er vor etwa zwei Monaten hier kennengelernt hat.

Siddharta fühlt sich unbehaglich. Er möchte am liebsten auf der Stelle wieder gehen. Er behauptet, in einer Ecke einen Beamten aus dem Palast seines Vaters entdeckt zu haben.

„Der ist mit sich selbst beschäftigt", sagt Naradatta leichthin, „und was macht's, wenn dein Vater es erfährt! Meinst du, er habe noch nie eine Nacht bei einer Ganika verbracht? Wahrscheinlich hält er sich, wie meiner auch, drei oder vier Tanzmädchen in Kapilavastu. Mein Lieber, du hast die Pflicht, dich zu vergnügen. Du mußt dich darin üben, deine moralischen Skrupel abzutöten. Glaubst du, das geschieht allein damit, daß du eben einmal deinen Fuß auf die Schwelle eines solchen Hauses setzt?"

„Also gut, ich bleibe."

Auf einer kleinen Bühne draußen im Park beginnt eine Theateraufführung. Gegeben wird die Geschichte vom Prinzen Rama, dem wunderbaren Helden, der nach mancherlei Abenteuern Prinzessin Sita zur Frau gewinnt. In seine Heimatstadt zurückgekehrt, sieht er sich veranlaßt, wegen eines väterlichen Gelübdes vierzehn Jahre in der Einsamkeit zu verbringen. Frau und Bruder begleiten Rama in die Wälder. Es tritt auf: die in Rama verliebte Shurpanakha, ein wildes Götterweib. Sie umtanzt und umschmeichelt den Prinzen.

Rama weist sie schroff ab. Ist das ein Benehmen, wenn eine Göttin einen Sterblichen begehrt?

Es ist offensichtlich: Das Stück enthält eine Botschaft an die Zuschauer. Auch die Götter treibt hin und wieder ihre Lust um.

Shurpanakha sucht ihren Bruder Ravana auf, einen zehnköpfigen und zwanzigarmigen Dämon. Sie drängt ihn, für die ihr von Rama angetane Schmach Rache zu nehmen.

Nachdem ihm seine Schwester eine aufreizende Beschreibung von Prinzessin Sita gegeben hat, materialisiert sich diese plötzlich vor dem Dämon und flüstert, schlafend, Liebesworte süßer als Honig. Offenbar gibt es da Wünsche, Begierden, die von dem edlen Rama nicht gestillt werden. Ravana ist nur zu bereit, diese wunschhauchende, Begierden kundtuende Sita mit ihrer aufreizenden Wespentaille zu erobern. Nachdem er in blumenreicher Rede Sitas Schönheit gepriesen und Rama gedemütigt hat, entführt er die schöne Irdische auf einer von Eseln gezogenen Wolke in sein Reich.

Aber Hanuman, der weise Berater des Affenkönigs Sugriva, der zuvor schon Rama zu seinem Erbrecht verholfen hat, macht Sitas Gewahrsam ausfindig. Sie lebt auf der Insel Lanka. Unendlich weit ist es bis dorthin. Eine Reise über Land und Meer, bis nahezu ans Ende der Welt. Hanuman schlägt mit Hilfe der Affen eine Brücke vom Festland auf die Insel, über die dann die Strafexpedition vorrückt. Die Residenz des Dämons Ravana geht in Flammen auf. Eine wilde Schlacht beginnt, in deren Verlauf die unglaublichsten Taten vollbracht und die fürchterlichsten Wunden geschlagen werden. Immer wieder wachsen dem Dämon Ravana neue Köpfe und Arme nach. Endlich aber durchbohrt Hanuman mit einem Pfeil, den ihm Indra geschenkt hat, Ravanas Herz. Sita ist gerettet, aber Rama droht, seine Gattin wegen ihrer Untreue zu verstoßen. Sita wird ihre Treue und Unberührtheit dadurch unter Beweis stellen, daß sie einen Scheiterhaufen besteigt, dessen Flammen sie nicht verletzen. Glücklich vereint kehren Rama und Sita auf Ravanas Prunkwagen in die Residenzstadt von Rama zurück.

Eine höchst moralische Geschichte.

Das Gute siegt über das Böse.

Begehrlichkeit wird bestraft, Treue belohnt.

Schon während des Spiels machen die Zuschauer ihre

spitzen Bemerkungen, daß es genau so nicht zugehe in der Welt.

Aber sie sehen es doch gern, denkt Siddharta. Und freilich dient das Spiel vor allem dazu, die Reize der verschiedenen Tanzmädchen verlockend in Szene zu setzen.

Hat eines der Mädchen keinen Auftritt mehr, so springt sie einfach von der Bühne herab und wird gleich von zwei, drei Freiern erwartet. Manchmal muß die Ganika eingreifen und die Männer beruhigen, die es alle auf ein bestimmtes Mädchen abgesehen haben. Siddharta hört sie die Vorzüge jener Frauen aufzählen, die noch auf der Bühne sind.

Naradatta ist längst mit einer hübschen Äffin am Arm verschwunden. Zum Schluß zerrt der dicke Kaufmann von vorhin Rama, der sich auch als eine Frau in Männerkleidern entpuppt, ungeduldig davon.

Siddharta blickt auf die leere Bühne und ist froh, daß keines der Tanzmädchen für ihn übriggeblieben ist.

Wie still es jetzt im Park ist.

In dieser Stille ist auch Lust.

Plötzlich tritt jemand hinter ihn. Es ist die Ganika. „Sagtet Ihr nicht vorhin, Ihr wäret ein Lokayata?" fragt sie spöttisch, offensichtlich erstaunt, daß er noch allein hier steht.

„Vielleicht will ich erst noch einer werden. Wollt Ihr mich unterweisen?"

Sie nimmt seinen Arm und geht mit ihm auf die Bühne zu. „Nicht ich", sagt sie mit gedämpfter Stimme, „aber ich weiß dir eine freundliche Lehrmeisterin."

Seitwärts führen Stufen von der Bühne herab. Dort sitzt ein junges Mädchen, in dem Siddharta einen der Luftgeister erkennt. Sie ist gerade dabei, die Tanzschuhe aufzuschnüren.

„Aditi", sagt die Ganika, „würdest du dich bitte unseres jungen Freundes hier annehmen?"

Diese Aditi, so wie sie sich jetzt im Licht des Mondes und der heruntergebrannten Fackeln ausnimmt, ist eine zierliche Person mit großen, etwas hochmütig dreinblickenden Augen und breiten, leicht aufgeworfenen Lippen.

Resolut faßt sie Siddharta bei der Hand und führt ihn zum Haus. „Du bist zum erstenmal hier?"

Er nickt.

„Und es ist das erstemal, daß du mit einer Frau zusammen bist?"

„Wo denkst du hin!"

„Du brauchst nicht zu lügen", sagt sie freundlich, „man bekommt hier einen Blick für so etwas."

Etwas an ihr fängt an, ihm zu gefallen. Sie wirkt nüchtern, aber nicht unfreundlich.

Die Kammer liegt im ersten Stock. Nichts ist darin außer einer wattierten Decke, zwei Becken mit Wasser und zwei Handtüchern.

„Wasch dich", sagt Aditi zu ihm, „nein ... nicht deine Hände ... deinen Penis. Im rechten Becken."

Er tut, wie ihm geheißen.

Er möchte immer noch davonlaufen.

Aber er ist entschlossen, diese Erfahrung zu machen.

Sie hat ihren Sari abgelegt.

Sie stehen nackt voreinander.

Er verspürt nicht die geringste Lust, sie zu umarmen. Er zwingt sich, sie zu betrachten, wie er einen Stein betrachten würde. Er möchte kühl bleiben. Sie nur ansehen. Es fällt ihm ein, daß die verschiedenen Kasten die Körperteile des Brahma darstellen sollen.

Sie kommt langsam näher, so nahe, daß die Spitzen ihrer Brüste ihn berühren. Ein kitzelndes Gefühl, das seine Haut lebendig werden läßt.

Sie streckt die Hand aus und fährt mit den Fingerspitzen – von der Schläfe über die Wange zum Kinn – über sein Gesicht. Dieses feine, weiche, sirrende Gefühl breitet sich über seinen ganzen Körper hin aus, scheint unter seiner Haut zu explodieren.

Er greift nach ihren Schultern. Seine Hände gleiten zu ihren Hüften.

Sie läßt sich zu Boden gleiten.

Er bewundert die Geschicklichkeit, mit der es ihr gelingt, genau auf der wattierten Decke zu liegen zu kommen.

Sie spreizt ihre Schenkel.

Er liegt auf ihr, dringt in sie ein. „Wir haben alle Zeit der Welt", hört er sie, seine Ungeduld beschwichtigend, murmeln. Aber er muß diesem Nichts, das er da irgendwo ahnt, schnell näherkommen.

Es ist, als fahre er in einem Wagen mit rasenden Pferden auf einen Abgrund zu. Merkwürdig, denkt er, gleichzeitig hat es Ähnlichkeit mit jenem Zustand im Schatten des Baumes beim Fest des Pflügens.

Dann ist der Wagen über den Abgrund hinweg.

Siddharta ist hinausgeschleudert worden. Er fliegt, schwebt. Das Nichts schlägt über ihm zusammen. Alle Gedanken und Vorstellungen sind ausgelöscht. Ein Blatt ist er gewesen, das von den Rändern her zu brennen angefangen hat, und jetzt ist es Asche.

Als er seine Umgebung wieder klar wahrnimmt, sieht er Aditi über dem linken Becken kauern und sich waschen.

Sie trocknet sich ab. Sie kommt zu ihm zurück. Sie sitzt, den Oberkörper nach vorn gebeugt, neben ihm. Sie kehrt ihm den Rücken zu.

Er zeichnet mit der Hand die Rundungen ihres Körpers nach. Es ist eine mechanische Bewegung, aber sie kitzelt das Sirren wieder wach. Er überläßt sich diesem Gefühl. Seine Hand faßt grob an ihre Hüfte. Er will sie aufscheuchen, ihr weh tun.

„Ach so ... der junge Herr hat noch nicht genug", sagt

sie lachend. Sie versetzt ihm unerwartet einen Stoß, und er fällt auf den Rücken.

Sie setzt sich auf seine Schenkel.

Sie beginnt damit, mit ihm jenes Liebesspiel zu spielen, von dem er gehört hat, daß man es „Den Baum besteigen" heißt.

Diesmal dauert es lange, ehe die Bewußtlosigkeit über ihm zusammenschlägt. Danach liegt sie einen Augenblick zusammengekrümmt auf ihm, ehe sie aufsteht, frisches Wasser holt und sich wäscht.

„Ich hoffe, es hat dir gefallen", sagt sie, als sie sich ankleidet.

„Liebst du mich?" fragt Siddharta.

Sie lacht nur. „Kommst du mich wieder einmal besuchen?"

„Gleich morgen ... bestimmt", versichert Siddharta.

„Morgen habe ich frei."

„Sei morgen hier ... auch wenn du frei hast."

„Es war doch das erstemal bei dir ...!"

„Woher willst du das wissen?"

„... du wüßtest sonst, daß man nie für einen Freier ein solches Opfer bringt."

„Aber wenn ich dich darum bitte?"

„Nein, nein, mit so etwas soll man gar nicht erst anfangen."

„Liebst du mich?"

„Ach was."

„Was empfindest du, wenn du an mich denkst?"

„Ich werde nicht dafür bezahlt, solche Fragen zu beantworten."

„Sag es mir. Bitte ...!"

„Was soll ich schon fühlen? Du warst großartig. Ich fühle bei keinem etwas. Daß sie großartig waren, sage ich jedem."

„Eines Tages wirst du mich lieben. Ich bin sicher."

„He, du bist gar nicht so schüchtern. Du bist ganz schön eingebildet. Du hältst dich wohl für unwiderstehlich."

„Bin ich auch, wenn ich es will. Und ich will, daß du mich liebst."

„Ein Tanzmädchen liebt nicht. Ein Tanzmädchen ist für die Liebe da."

„Weißt du, wer ich bin?"

„Keine Ahnung. Es interessiert mich auch nicht. Wirst du mir einen Ring oder ein Halsband mitbringen? An solche Freier erinnert man sich."

„Von mir bekommst du keinen Ring. Du bekommst nur mich."

„Eingebildeter Kerl!"

Er geht hinunter. Naradatta wartet schon auf ihn.

Sie verabschieden sich von der Ganika. Siddharta erkundigt sich danach, was sie ihr schulden.

„Hat es Euch gefallen? Seid Ihr zufrieden?"

„Gewiß doch! Sehr zufrieden."

„Dann ist es recht. Sagt dem Fürsten eine Empfehlung, Siddharta. Auch er hat sich immer wohl gefühlt bei uns."

Sie hat also gewußt, wer er ist.

Sie hat es von Anfang an gewußt.

Zuerst regt er sich darüber auf. Dann wird es ihm gleichgültig. Auch auf das, was Naradatta von den Erlebnissen mit seiner Äffin berichtet, hört er kaum. Sein Verliebtsein schlägt über ihm zusammen wie eine Welle, die einem die Füße wegreißt.

Es vergeht kein Abend, an dem er nicht hinausreitet, um Aditi zu besuchen. Er ist ungeduldig den ganzen Tag über. Ein Zustand ist das, bei dem man alle anderen Ereignisse so wahrnimmt, als trügen sie sich hinter einem Vorhang zu. Er tritt aus seinem Traum nicht heraus und ist glücklich dabei.

Im Palast sind seine nächtlichen Eskapaden ein offenes Geheimnis. Der Fürst hat angeordnet, seinem Sohn keine Schwierigkeiten zu machen.

Siddharta horcht in sich, ob da immer noch der dunkle Hornton des Leides zu hören ist.

Nein, er hört nichts.

Was kann es Besseres geben als Nacht für Nacht ein-, zwei-, dreimal alles zu vergessen ... die Wärme eines anderen Menschen nahe bei sich zu spüren.

Zum Lehrweg eines künftigen Herrschers gehört auch der Pfad der Liebe.

Es ist ein Sichverlieren, und es steigert sich immer noch.

Es wird einen Gipfel haben, überlegt er, und wenn er jenseits des Gipfels ist, wird ihn die Enttäuschung wieder überfallen.

Das ahnt er schon. Wie immer. Dann wird er den dunklen Hornton, der so traurig macht, wieder hören. So war es noch immer. Aber er hat auch die Hoffnung, daß es in der Liebe vielleicht anders zugehen könnte.

Der Aufstieg zum Gipfel dauert lange. Lange, sofern man das Kommen und Gehen von drei Monaten als eine lange Zeit ansieht.

Der Weg zieht sich hin.

Er hat Kurven und Kehren.

Mag es Siddharta vorkommen, als seien ihre Körper völlig vertraut miteinander, Aditi weigert sich strikt, ein Gefühl für Siddharta erkennen zu lassen ... über das, was sie empfindet, mit ihm zu reden.

Er versucht immer wieder, ihr ein Geständnis zu entlocken, aber sie beharrt auf dem, was sie am ersten Abend zu ihm gesagt hat. Längst spürt er, daß sie es vielleicht auch tut, um ihn zu halten. Aber entscheidend ist doch, was laut gesagt wird.

Der Kampf um solche Geständnisse bleibt ein immerwährendes Spiel zwischen ihnen.

Eines Nachts kommt er hinaus. Er kann später nicht finden, daß der Tag zuvor und die Nacht anders gewesen sind als sonst.

Die Ganika fängt ihn an der Tür ab. „Du kannst heute nicht zu Aditi", sagt sie. „Wir haben ein neues Mädchen. Wir nennen sie Sita. Derselbe Typ wie Aditi."

Siddharta starrt die Ganika wütend an. „Was ist mit Aditi?"

„Sie ist krank."

„Ich will trotzdem zu ihr."

„Das kann ich nicht zulassen. Es ist eine gefährliche, eine ansteckende Krankheit."

„Erst recht muß ich zu ihr."

„Siddharta ... nimm doch Vernunft an. Was sagt mir dein Vater, wenn du dich ansteckst?"

„Was für eine Krankheit ist es denn?"

„Man spricht den Namen dieser Krankheit nie aus, so sehr fürchtet man sie", sagt die Ganika.

„Geh aus dem Weg!"

„Nein."

Er zieht sein Schwert und treibt sie zur Seite. Er stößt auch die anderen zurück, die ihn aufhalten wollen.

Er bleibt drei Tage und drei Nächte bei Aditi. Sie hat hohes Fieber. Sie erbricht Schleim, der wie Reis aussieht. Dann tritt Schüttelfrost auf. Die Haut an den Leisten und an den Oberschenkeln wird schwarz. Später die Haut am ganzen Körper. Krämpfe setzen ein. Irgendwann erschöpfen die Krämpfe das Herz.

Einmal, am vorletzten Tag, als sie kurze Zeit bei klarem Bewußtsein ist, sagt Aditi: „Ich liebe dich nicht, Siddharta." Sie lächelt.

Sie will noch etwas sagen, aber da setzen die Krämpfe wieder ein.

Vielleicht werde auch ich sterben, denkt er. Wer stirbt, wird wiedergeboren gemäß seinem Karma. Als was möchtest du wiedergeboren werden, Siddharta? Sag mir erst, Aruna, als was wird Aditi wiedergeboren? Vielleicht als eine Wolke. Dann mach, daß ich als Fluß wiedergeboren werde, damit mein Wasser, wenn es verdunstet, eins werde mit der Substanz der Wolke.

Siddharta ist dabei, als Aditis Leichnam verbrannt wird.

Danach sitzt er einen Tag und eine Nacht vor dem Aschenhaufen. Wenn er eine Wolke am Himmel sieht, flucht er den alten Göttern, weil er kein Fluß geworden ist.

Es ist müßig, mit Göttern zu hadern, die wie Gestalten aus einem Märchen sind.

Er sucht Naradatta auf.

„Wie geht's dir, Freund? Ich höre, Aditi hat es erwischt. Nimm's nicht so schwer. Es gibt andere. Sie war hübsch. Zugegeben. Es wird noch hübschere geben. Was ein rechter Lokayata ist..."

„Das Experiment ist beendet", sagt Siddharta zu ihm. „Die Liebe ist es nicht."

9.
Das Brahman

Als Siddharta von einer Rundreise durch das kleine Land heimkehrt, über das er einmal herrschen soll, hört er, daß Kapila zurück ist. Der Freund hat schon nach ihm gefragt.

Kapila hat ein paar Pfund zugenommen. Etwas Gesetzt-Würdiges hat er jetzt an sich.

Die beiden Freunde umarmen sich. Dann tritt Siddharta zwei Schritte zurück und mustert Kapila. „Du siehst aus, als müßte ich jetzt zu dir ‚Herr' sagen", meint er spöttisch.

„Nicht doch", antwortet Kapila, „nun, da ich meine Studien in der Fremde abgeschlossen habe, stehe ich zu Euren Diensten, mein Prinz."

„Hör auf, so zu reden", ruft Siddharta.

Sie müssen grinsen. Die Befangenheit, die sie in den ersten Augenblicken empfunden haben, verliert sich.

„Und wo ist Sapu?"

Kapila macht eine Handbewegung, die Siddharta nicht deuten kann. Auch solche Angewohnheiten ändern sich offenbar in der Fremde.

„Es gibt viel zu erzählen. Gehen wir irgendwohin, wo wir ungestört sind."

Sie schlendern zum Innenhof des Palastes und setzen sich dort auf den Rand des Beckens, in dem die bunten Lotosblumen schwimmen.

Es ist heiß und still.

„Also", fragt Siddharta, „was hast du in Takkasila erlebt? Weißt du, ich frage jeden aus, der zurückkommt. So erfahre ich, was sich draußen tut, auch wenn ich nicht fort darf."

„Ich hatte gute Lehrer", berichtet Kapila, „es geht ganz anders zu in diesen Schulen dort als bei uns."

„Wie anders?"

Kapila lacht. „Immer noch vor allem auf Wissen aus?"

„Ja", sagt Siddharta. „Also wie?"

„Systematischer, logischer."

Siddharta runzelte die Stirn. Wieder fällt ihm das Gespräch über den Körper des Brahma ein. „Ich bin mißtrauisch geworden gegen Systeme", sagt er, „aber belehre mich."

„Ich will es versuchen", sagt Kapila.

Was Siddharta schon immer an ihm geschätzt hat: Kapila ist jemand, der erraten kann, was den anderen besonders interessiert.

„Für die Brahmanen", beginnt Kapila, „ist ‚Brahma' ein Opfer- und Zauberwort, das an ihren Gott erinnert. Für meine Lehrer in Takkasila hatte es eine ganz andere Bedeutung. Für sie bezeichnet es das Wesen von Wahrheit ... die letzte Wirklichkeit, das Absolute schlechthin, und sie nennen es ‚Brahman'. Kannst du mir folgen?"

„Bis jetzt ohne Schwierigkeiten."

„Wie alles auf der Welt in den Raum, den Kosmos, eingewoben ist, so steht der Raum wiederum im Unendlichen. Aber dieses Unendlich-Absolute ist auch im Menschen. In ihm wohnt es in einem kleinen leeren Raum in seinem Herzen. Es ist winzig und doch so groß wie das gesamte Absolute. Du machst ein so skeptisches Gesicht?"

„Ich frage mich nur, wie etwas so Verschiedenes dieselben Eigenschaften haben kann."

„Warte. Ich bin noch nicht ganz fertig mit meiner Erklärung. Du begreifst das Brahman durch die Seele, das ‚Atman'. Auch es ist in dir, ist aber zugleich auch in allen Menschen."

„Brahman ... Atman. Jetzt wird es verwirrend. Was ist der Unterschied?"

„Das Atman, das Selbst, ist das Organ im Menschen, mit dem dieser das Brahman wahrnehmen und erkennen kann. In sich und im Kosmos ..."

„Auch klar."

„Nun geht es darum, mit Hilfe des Atman Lustbegierden und Unwissenheit zu überwinden. Gelingt dies, so ist der Mensch erlöst und jenseits des Kreislaufes der Wiedergeburt. Er hätte gewissermaßen alles, was an ihm menschenhaft ist, durch Einsicht und Verständnis aufgelöst. Wie eine Schlangenhaut abgestorben und abgestreift auf einem Ameisenhaufen liegt, so liegt das, was am Menschen vergänglich ist, nach seinem Tod da und zerfällt. Aber sein als solches erkannte Brahman vereinigt sich mit dem großen Brahman und entgeht so dem Zwang der Wiedergeburt."

„Das sollte möglich sein?" sagt Siddharta erstaunt. „Ein Ausweg aus dem Kreislauf der Wiedergeburt? Ich habe immer vermutet, daß so etwas möglich sein müsse, aber Bharadvaja hat mich gescholten und mir einzureden versucht, solche Gedanken seien reiner Hochmut."

„Wenn ich mich recht erinnere, lehrt Bharadvaja die Ordnung im Staat. Ihn dürften derartige Überlegungen nicht interessieren. Sie sind nicht unbedingt staatserhaltend. Man muß sich das einmal vorstellen: Jeder Mensch kann diese Lehre aus eigener Kraft ausführen. Es ist schwierig, aber möglich. Keine Brahmanen sind nötig. Keine Gebete, keine Zauberworte, die die Götter zu Gast laden.

Die Brahmanen, sofern sie von dieser neuen Lehre schon etwas gehört haben, werden nervös. Diese neue Lehre gefällt ihnen ganz und gar nicht. Spricht sie sich herum, breitete sie sich aus – sie wären überflüssig. Vorläufig versuchen sie, die neue Lehre mit aller Macht, die sie haben, zu unterdrücken. Aber am Ende wird die Macht nichts gegen die Wahrheit vermögen."

„Aber Sapu", erinnert Siddharta den Freund, „du wolltest mir auch noch von Sapu erzählen."

„Sapu ist Asket geworden." Kapila verzieht voller Abscheu das Gesicht.

„Was ist dagegen einzuwenden, daß einer Asket wird?" fragt Siddharta. „Asketen sind heilige Männer. Auch sie treibt das Verlangen nach Wahrheit."

„Jetzt sag nur noch", ruft Kapila aus, „du hättest dir vorgenommen, auch ein Asket zu werden. Ordentlich gekleidet und wohlgenährt, wie du mir hier gegenüberstehst."

„Ich treffe hin und wieder Asketen", erzählt Siddharta. „Ich versuche, mit ihnen zu reden. Ich weiß nicht, warum, aber sie üben eine große Anziehungskraft auf mich aus."

„Nun", meint Kapila, „Asketen wie die, bei denen Sapu jetzt lebt, hast du hier wahrscheinlich noch nicht zu Gesicht bekommen. Sie leben unter völligem Verzicht auf Besitz und Familie im tiefsten Dschungel oder in einem Asketenwäldchen ... Jedenfalls fern von Dörfern und Städten."

„Und warum leben sie so?"

„Sie haben ein Sprichwort, das lautet: ‚Worauf man verzichtet, das wird man zehnfach erlangen.'"

„Und wie sollte das ihrer Meinung nach zugehen?"

„Sie fasten. Sie fügen sich Schmerzen zu. Sie legen sich in einen Dornenhaufen oder stehen tagelang auf einem Bein. Damit, so meinen sie, sammle sich in ihnen Energie an. Besonders wichtig ist die absolute sexuelle Enthaltsamkeit. Schliefe einer von ihnen mit einer Frau, so würde damit die bis dahin aufgespeicherte Energie sofort verströmen."

„Und was machen sie mit der angesammelten Energie?"

„Das ist ganz unterschiedlich. Manche behaupten, eines Tages könnten sie, dank ihrer Energie, wahrsagen oder fliegen."

„Und? Können sie es tatsächlich?"

„Sie bilden es sich wohl selbst fest ein", erwidert Kapila, „und die Bewunderung der Leute, die zu ihnen gepilgert kommen, beweist, daß wenigstens das einfache Volk es ihnen glaubt. Ich halte die meisten für Betrüger und Scharlatane."

„Und so einer ist Sapu geworden", sagt Siddharta kopfschüttelnd.

„Vergiß nicht, er war schon immer sehr ehrgeizig."

„Wie meinst du das?"

„Manche dieser Asketen", erzählt Kapila, „erwarten allen Ernstes, sie werden zu Göttern, wenn sie sich lange genug gequält und genug Energie in sich angesammelt hätten. Hast du nie davon gehört, daß Indra seine Stellung unter den Göttern seinem übermächtigen Vorrat an Energie verdanken soll? Da hast du Sapus Vorbild."

Siddharta sieht den Freund scharf an. „Du glaubst von alledem kein Wort?" fragt er Kapila.

„Natürlich nicht, aber warte. Ich erzähle dir noch eine Geschichte. Es war einmal ein so rigoroser Asket, der hatte zwanzig Jahre Enthaltsamkeit geübt und sich gemartert. Er hatte sich mit dem Kopf nach unten an einem Ast aufgehängt. Er hatte so wochenlang ausgeharrt. Er hatte sich Glieder abgeschnitten, andere gebrochen und sie darauf in einer Weise, wie das von der Natur nicht vorgesehen ist, wieder anwachsen lassen."

Jetzt verzieht Siddharta angewidert das Gesicht.

„Ich beschreibe lediglich", führt Kapila fort, „in welch unausstehliche Gesellschaft unser Sapu geraten ist. Es empört mich, daß er diesen Weg gegangen ist. Ich möchte nicht noch einen Freund an diese Asketen verlieren."

Er klopft Siddharta auf die Schulter und fährt dann in seinem Bericht fort: „Also, jener Asket, von dem ich anfing zu erzählen, hatte mit all diesen fürchterlichen Torturen so viel Energie in sich gesammelt, daß er den Göttern gefährlich zu werden drohte. Und was, meinst du, was taten die Götter?"

Siddharta zuckt die Achseln.

„Nun, was hättest du getan?" fragt Kapila.

„Man sollte meinen, sie hätten mit dem armen Burschen Mitleid gehabt und ihn endlich erlöst."

„Ganz falsch ... viel zu mitfühlend gedacht! Diese alten Götter! Ja, sie erlösten ihn ... aber auf ihre Art. Sie schickten eine unbekleidete Nymphe zu ihm, die es fertigbrachte, seine angeblich so rigoros abgetöteten Sinne doch wieder zum Leben zu erwecken. Also wurde er, als er die Nymphe umarmte, seine in all den Jahren unter so großen Qualen angesammelte Energie auf einen Schlag los ... und aus war es mit seiner Gottähnlichkeit."

Kapila genießt die Pointe seiner Anekdote und belacht sie.

Siddharta kann nicht mitlachen.

„Was hast du?" fragt ihn der Freund. „Hast du das Lachen verlernt, während ich fort war?"

„Ach was", sagt Siddharta. „Aber es ist schauerlich, auf welche Irrwege die Menschen geraten in ihrem Verlangen nach Erlösung!"

10.
Die Illusion

Siddharta führt ein Gespräch mit Pajapati, seiner Ziehmutter.

Sie hat ihm angedeutet, es sei langsam für ihn an der Zeit, ans Heiraten zu denken. Sie zählt die Mädchen auf, die für einen Fürstensohn in Frage kommen, und läßt sich ausführlich über deren Eigenschaften aus. Sie erwähnt, daß für Siddhartas Stiefbruder schon eine Frau gefunden sei, der arme Kerl aber warten müsse, bis sein älterer Bruder Hochzeit gehalten habe.

„Er soll Geduld lernen", hat Siddharta unfreundlich geantwortet.

Er ist erleichtert, daß der Name des Mädchens, das ihm gefällt, unter denen, die Pajapati erwähnt hat, nicht aufgetaucht ist.

„Und du solltest morgen zu den Wettkämpfen gehen", sagt Pajapati jetzt. „Du bist einer der besten Läufer. Viele Leute hätten Freude, wenn du beim Langlauf gewinnen würdest. Und Mädchen lernt man dort auch kennen."

„Ich kenne Mädchen", sagt Siddharta verdrossen, „aber ich mache mir nichts aus Langlauf. Ob einer als erster oder als letzter durchs Ziel geht, was ist damit schon entschieden?"

„Es steht einem Fürstensohn gut an, Sieger beim Langlauf geworden zu sein."

„Und weshalb?"

Er hat eine Art zu fragen, die die Leute aus der Fassung bringt.

„Es gehört sich nun einmal so.“

„Man muß die Leute daran gewöhnen, keine falschen Erwartungen zu hegen.“

„Deinen Vater würde es gewiß auch freuen.“

„Tut mir leid. Manche Freuden kann ich ihm nun einmal nicht bereiten.“

„Du solltest dir Mühe geben.“

„Warum etwas Sinnloses heucheln?“

„Warum bist du nur immer so schwierig, Siddharta? Sei doch einmal ein guter Junge. Sei doch einmal wie die anderen auch.“

„Ich bin nicht wie die anderen auch.“

„Aber warum nicht?“ seufzt Pajapati. „Komm, erklär es doch wenigstens mir, deiner Mutter.“

„Warum ist die Sonne nicht wie der Mond?“

„Ich begreife dich nicht, Siddharta. In letzter Zeit bist du so abweisend wie schon lange nicht.“

„Ich verstehe mich selbst nicht. Wenn ich mich selbst genauer kennengelernt habe, wird es gewiß wieder besser werden.“

Pajapati tut ihm leid. Er weiß, sie meint es gut mit ihm. Zu häufig reagiert er gereizt. Das dürfte nicht sein. Er schämt sich dann, weil er ihre Verletztheit spürt. Er wünscht sich, diese Unterhaltung hätte jetzt ein Ende.

Aber wie so häufig, kann sie es nicht lassen, ihr letztes Mittel einzusetzen. „Ich habe deiner Mutter auf dem Totenbett versprochen, einen ordentlichen Menschen aus dir zu machen.“ Was sagt man dazu? Am besten nichts.

Er denkt darüber nach, weshalb von der Gestalt seiner leiblichen Mutter, selbst noch über den Tod hinaus, eine solche Wirkung auf ihn ausgeht. Er erklärt sich das so: Wenn ein Kind geboren ist, ist es noch kein selbständig lebensfähiges Wesen. Die Mutter umsorgt es, befriedigt all seine Lust. Wir verlangen immer danach, daß unsere Gelüste befriedigt werden. Wir wissen zwar, daß die Mutter es nicht mehr kann, da sie ja tot ist. Aber es gibt eine Erinnerung an die Zeit, in der sie allmächtig war, und diese Erinnerung behält offenbar Macht über uns. Unsere Wünsche und Gelüste haben Macht über uns. Wie stark sie sind! Selbst die Erinnerung an ihre Befriedigung ist noch stark.

Aber stimmt das eigentlich?

Maya, seine leibliche Mutter, hat nur ein paar Tage seine Lust befriedigt. Dann kam die Amme. Dann gab es Pajapati. Die Macht, überlegt er, erwächst in diesem Fall offenbar weniger aus der Erinnerung an die Lust als aus dem Gefühl, am Tod der Mutter schuld zu sein.

Das ist seine Erkenntnis: Lust und Schuld sind die großen Hindernisse, die es zu überwinden gilt.

Siddharta braucht jemanden, dem er solche Überlegungen mitteilen kann, um sie zu überprüfen.

Seinen Lehrern kann er solche Fragen nicht vorlegen. In ihrem Denken sind solche Fragen nicht zugelassen. Die Lehrer sperren solche Fragen in das Kästchen irgendeines Systems, das sie lehren, und behaupten, sie seien damit erledigt.

Der beste Gesprächspartner für solche Diskussionen ist immer noch Kapila. Gewiß, Naradatta ist scharfsinniger als Kapila. Aber wenn es um etwas geht, was nicht wirklich ist, erklärt sich Naradatta für nicht zuständig.

Siddharta weiß auch nicht, ob die Materialisten recht haben oder die Anhänger der neuen Brahman-Lehre. Er wehrt sich gegen Einschränkungen und Begrenzungen. Nur wenn man sich auf alles einläßt, wenn man alles prüft, befragt, besteht seiner Meinung nach eine Chance, sich der Wahrheit anzunähern.

Am anderen Morgen trifft er Kapila.

„Willst du unbedingt zu den Wettkämpfen?" fragt er den Freund.

„Gibt es etwas zu diskutieren?"

„Gibt es ... nämlich meine Vorstellung, daß unsere Wünsche und Ängste zwei der größten Hindernisse auf dem Weg zur Erleuchtung sind."

„Eine interessante Vermutung. Überprüfen wir sie."

„Aber nicht bei den Wettkämpfen!"

Kapila nickt.

Sie besteigen ihre Pferde und schlagen den Pfad ein, der am Fluß entlangführt. Sie reiten gemächlich nebeneinander, so daß sie sich unterhalten können.

Kapila ist erfindungsreich in Einwänden.

Zum Schluß geraten sie in ein unüberschaubares Labyrinth von Für und Wider.

Es ist noch zeitig am Morgen. Am Fluß ist es dunstig. Eine Weile reiten sie schweigend.

Siddharta gerät, seiner Erinnerung rückwärts folgend, an den Ausgangspunkt seines Gesprächs mit Pajapati. Gut, denkt er, ich werde heiraten, aber nicht ein Mädchen, das meine Eltern für mich auswählen. Ich will die Wahl selbst treffen. Eine Ehe soll für ein ganzes Leben halten. Ich kann die Entscheidung in einer so wichtigen Frage nicht jemand anderem überlassen.

Die Sitte, die Konvention.

Darüber muß er auch mit Kapila sprechen. Wenn man sich nicht an die Konvention hält, muß man seine eigenen Spielregeln festsetzen.

Diese Yasodhara ist ein Mädchen, das er sich als seine Frau vorstellen könnte. Sie ist die Tochter eines Hofbeamten. Sie ist nicht nur so ein Püppchen mit einem hübschen Gesicht. Sie kommt ihm gescheit vor, selbständig. Die wäre bestimmt nicht nur ein Schatten ihres Ehemannes.

Aber gerade weil er Yasodhara für ein ungewöhnliches Mädchen hält, hat er auch seine Zweifel, ob er um sie werben soll.

Erster Zweifel: Er möchte um seiner selbst willen geliebt werden. In diesem Punkt will er Klarheit. Deshalb darf er seinen Eltern nicht die Werbung überlassen, wie das eigentlich üblich ist.

Zweiter Zweifel: Läßt sich sein Verlangen nach Erkenntnis und Erleuchtung überhaupt mit einer Ehe in Übereinstimmung bringen?

Er weiß: Dieses Verlangen ist vielleicht die stärkste Kraft, die in seinem Wesen wirkt. Ein paarmal hat er schon mit dem Gedanken gespielt, in die Hauslosigkeit zu gehen. Er würde nicht als ein sich marternder Asket leben. Er würde nur danach streben, sich klarzuwerden über den Sinn dieses Lebens und über den Pfad der Erleuchtung. Wenn aber dieses Bedürfnis nach Denken und Einsamkeit so stark in ihm ist, wäre es dann nicht besser, ledig zu bleiben?

Er ist hin- und hergerissen zwischen der Verlockung, einen Menschen so genau kennenzulernen, wie dies vielleicht nur in der Ehe möglich ist, und der Furcht, indem er heiratet und irgendwann später aus der Ehe ausbricht, um in die Einsamkeit zu gehen, die Ursache für das Leid eines geliebten Menschen zu werden.

Er kann und kann sich nicht entscheiden. Er wird sich entscheiden müssen ...

Von Kapila weiß er, daß er sich gegen die Ehe entschieden hat, wenngleich aus ganz anderen Gründen. Kapila hat einmal zu ihm gesagt, als sie über dieses Thema miteinander gesprochen haben, er empfinde kein Bedürfnis danach, so fest an einem anderen Menschen anzukleben, wie das in der Ehe der Fall sei.

Gerade deswegen scheint Kapila der rechte Ratgeber bei Siddhartas Zweifeln. Er wird nicht durch seine eigenen Gefühle in seinem Urteil beeinflußt.

Er will gerade dieses Gespräch mit ihm beginnen, da scheuen die Pferde. Beide Pferde.

Später hat sich Siddharta oft gefragt, ob das ein Zufall oder eine Fügung gewesen sei.

Er blickt zu Boden.

Etwas liegt da auf dem Weg.

Wegen des Bodennebels fällt es schwer auszumachen, was da liegt. Siddharta steigt ab und hört Kapila hinter sich fragen, was da sei.

„Ein alter Mann. Starr und kalt. Nur mit einem Lendenschurz bekleidet. Er rührt sich nicht."

Siddharta kniet bei dem Alten. Vielleicht ist er tot, denkt er, und es schaudert ihn.

Er tastet mit den Fingern nach dem Puls. Da gibt der Alte ein Stöhnen von sich.

Siddharta nimmt seinen Umhang ab und deckt den Mann damit zu.

„He!" ruft er Kapila zu. „Reite ins nächste Dorf, und hol jemanden her!"

Nach einer Weile kommt der Freund mit einer Gruppe von Leuten zurück. Sie haben Tücher bei sich. Sie reiben den Alten damit ab. Langsam kommt er wieder zu sich. Er scheint sehr schwach.

Der Alte habe im Fluß gebadet, hört Siddharta von den Dorfbewohnern. Das Wasser ist eiskalt.

Langsam begreifen die Leute aus dem Dorf, wer sich da um den Alten bemüht. Seine Kleidung und seine Redeweise haben Siddharta verraten. Der Sohn des Fürsten.

„Es hätte sein Tod sein können", sagt Siddharta verärgert.

Eine Frau antwortet ihm auf diese Feststellung: „Prinz, wißt Ihr denn nicht, daß dieses Wasser, das vom Dach der Welt herabkommt, heilig ist? Wenn man darin bei Tagesanbruch badet, sind alle Sünden, die man am Tag zuvor und während der Nacht begangen hat, fortgewaschen. Wenn man so jeden Morgen das Böse fortwäscht, das sich an uns hängt, wird man nach dem Tod im Himmel wiedergeboren."

„Wer sagt das?" fragt Siddharta.

„Der Priester", erwidert die Frau und deutet auf den mit Decken behängten Alten, der abwartend dasteht.

Siddharta gelingt es eben noch, eine höhnische Bemerkung zu unterdrücken. Statt dessen sagt er: „Überlegt einmal: Wenn man tatsächlich seine bösen Taten und Gedanken durch ein Bad im Fluß abwaschen könnte, würden dann nicht die Fische, Schildkröten und Krokodile zuallererst und unbedingt in den Himmel kommen? Nun, wie gefällt euch ein Himmel, in dem euch die Krokodile Gesellschaft leisten für alle Ewigkeit?"

An ihrem Gesichtsausdruck erkennt er, daß sie fassungslos sind.

„Arme Teufel", sagt Siddharta zu Kapila, als sie weiterreiten und ihnen niemand mehr zuhört.

„Man könnte auch sagen, sie sind dumm und glücklich."

„Aber sie sind ja nicht glücklich", erwidert Siddharta, „das ist es ja, was mich so empört."

Darüber streiten sie noch den ganzen Tag. Daß er eigentlich mit Kapila über seine Heirat sprechen wollte, vergißt Siddharta darüber.

Als sie am Abend in die Stadt zurückkehren, begegnen sie Leuten, die von den Wettspielen kommen. Sie hören, daß Naradatta der Sieger beim Langlauf geworden ist.

„Wo wart Ihr, Prinz", fragt jemand vorwurfsvoll. „Wir sind hingegangen, um Euch siegen zu sehen."

„Einer kann nur siegen", erwidert Siddharta abweisend.

„Du machst einen Fehler", sagt Kapila zu ihm, als sie sich verabschieden.

„Und der wäre?" fragt Siddharta betroffen.

„Ein Fürst muß siegen."

„Kein Fürst siegt immer."

„Aber sie brauchen die Illusion, daß er immer siegt."

„Die Illusion", wiederholt Siddharta nachdenklich. „Ja, die Illusion. Wenn wir uns das nächste Mal sehen, wollen wir von den Illusionen reden."

11.
Die Werbung

Eine Gruppe lachender und schwatzender Mädchen und junger Männer sind auf dem Heimweg von einem Tanzfest.

Es sind ein paarmal an diesem Abend Anspielungen gemacht worden, Siddharta und Yasodhara seien ineinander verliebt. Alle beide haben es immer wieder abgestritten, aber ihr Abstreiten wirkt wie eine Bestätigung.

Siddharta ist hinter den anderen zurückgeblieben. Er hat sich einen Riemen an seiner Sandale richten müssen.

Yasodhara ist stehengeblieben und hat auf ihn gewartet.

Naradatta hat an diesem Abend Yasodhara schöne Augen gemacht. Yasodhara ist darauf eingegangen, hat ihn aber immer auf Distanz zu halten gewußt. Sie kann das gut: freundlich sein und einen frechen jungen Mann nicht zu nahe an sich herankommen lassen.

Würden Naradattas Eltern bei Yasodharas Eltern für ihren Sohn um das Mädchen werben, könnten sie wohl darauf rechnen, nicht abgewiesen zu werden.

Yasodhara ist das einzige Mädchen, das für Siddharta als Ehefrau in Frage käme. Jedenfalls weiß er sonst keines. Es ist nicht ihre Schönheit. Sie ist großzügig. Sie kann denken. Sie traut sich zu, ihre eigenen Urteile zu vertreten.

Jetzt richtet er sich auf und fragt möglichst beiläufig: „Haben deine Eltern eigentlich schon einen Ehemann für dich gewählt?"

„Vielleicht", sagt Yasodhara und schaut ihn dabei kokett von der Seite an.

Er ist aufgeregt. Er weiß nicht, was er jetzt weiter sagen soll.

Aber plötzlich springt ihm ein Satz auf die Zunge: „Wenn sie nun noch nicht für dich gewählt hätten, würdest du dann meine Frau werden wollen?"

Es kommt ihm vor, als sei sie überhaupt nicht überrascht, als habe sie auf diese Frage schon längst gewartet, sie herbeigewünscht.

„Und was wäre", fragt sie, „wenn meine Eltern doch schon einen Mann für mich hätten? Würdest du auch dann zu ihnen gehen? Würdest du mit ihnen sprechen und versuchen, sie umzustimmen?"

Was sie da verlangt, verstößt gegen die Sitte. Er spürt schon, was sie mit dieser Frage erproben möchte. Sie kommt ihm sehr recht, diese Frage, freilich aus einem anderen Grund als dem, der Yasodhara veranlaßt hat, sie zu stellen.

„Nein, das würde ich nicht."

Yasodhara scheint enttäuscht. „Und warum nicht?"

„Ich mag mich niemandem aufdrängen."

Auf ihrem Gesicht malt sich sichtlich Erleichterung. „Und mir würdest du dich auch nicht aufdrängen mögen?"

„Nein. Ich möchte nicht, daß du mich heiratest ...", er stockt, „... nur weil ich der Sohn des Fürsten bin."

„Ach so", sagt sie. „Aber ich würde auch gern deine Frau, wenn du nicht der Sohn des Fürsten wärest."

„Wirklich?"

„Ja, doch, Siddharta."

Da legt er seinen Arm um ihre Schultern, zieht sie an sich und küßt sie. Er spürt jetzt, daß sie sich lieben ... sich nicht nur mögen, daß sie nicht nur verliebt ineinander sind, sondern zueinander gehören.

Es ist auch anders, als es bei Aditi war. Wie anders? Es ist eine ruhige, alles durchdringende Zuneigung zwischen ihnen. Es kommt ihm jetzt verrückt vor, daß er eben noch gefürchtet hat, er könne sie an Naradatta verlieren.

Plötzlich läßt er sie los und macht ein paar Schritte von ihr fort.

„Was ist?" fragt sie. „Bist du nicht glücklich, Siddharta? Ich will, daß du glücklich wirst. Und ich will glücklich werden mit dir."

Er überlegt. „Was würdest du tun, wenn du mich einmal verlörst?"

„Wir haben uns doch gerade eben erst gefunden", sagt sie lachend.

Er nickt. „Ich bin ein merkwürdiger Mensch, sagt meine Mutter, und mein Vater denkt es wohl auch."

„Ich weiß", sagt sie. „Du gehst nicht zum Wettkampf, obwohl es alle erwarten und du gewinnen könntest."

Er sieht sie verblüfft an.

„Siddharta", sagt sie beruhigend, „ich weiß, wie du bist, und ich liebe dich so, wie du bist."

„Meinst du wirklich, daß Menschen einander kennen? Wir machen uns ein Bild von jemandem, und dann meinen wir, ihn zu kennen. Aber wehe ihm, wenn er diesem Bild nicht entspricht. Es könnte sein, daß ich einmal fortgehe ... in die Hauslosigkeit. Dann würde ich dir weh tun müssen!"

„Auch Menschen, die sich lieben, tun einander weh. Oder? Aber in die Hauslosigkeit gehen doch die Männer erst, wenn sie alt sind. Bis dahin ist noch viel Zeit."

„Aber ich gehe vielleicht schon, wenn ich noch jung bin."

„Doch nicht schon morgen oder übermorgen?"

„Und wenn es morgen oder übermorgen wäre?"

„Ich liebe dich", sagt sie nur, „nun glaub es doch."

Er nickt.

„Es ist gut", sagt er, und es hört sich an, als spreche er mit sich selbst.

Später am Abend steht er mit seinem Vater auf dem Balkon des Palastes. Es ist still, aber es gibt viele feine Geräusche in der Stille. Der Garten, auf den sie hinabsehen, ist dunkel, und die Äste der gegenüberliegenden Bäume sehen im Mondlicht aus, als seien sie mit Milch übergossen.

„Wir sollten einmal miteinander reden, Siddharta", sagt der Vater unvermittelt. „Deine Mutter hat mich daran erinnert, daß es an der Zeit ist, eine Frau für dich zu suchen."

„Ich habe meine Wahl schon getroffen."

Der Vater fährt herum. „Was soll das heißen?"

„Ich bin entschlossen, Yasodhara zu heiraten. Wäret ihr damit einverstanden?"

„Yasodhara steht nicht auf der Liste deiner Mutter", sagt der Vater. „Sie ist ein hübsches und kluges Mädchen. Das habe ich auch gehört. Aber es sind immer noch die Eltern, die solche Entscheidungen treffen."

„Wir könnten es einmal anders halten."

„Wir werden es nicht anders halten", erwidert der Vater erbittert.

„Warum nicht?"

„Warum nicht! ... Siddharta, warum willst du dich nie an das halten, was Sitte ist?"

„Nun", sagt Siddharta gelassen, „bei manch einem mag es notwendig sein, daß sich die Eltern darum kümmern. Ich war zuerst auch etwas schüchtern, als es darum ging, Yasodhara zu fragen. Aber wenn man es recht betrachtet ... es sind ja die zwei, die heiraten und zusammenleben müssen, und nicht die Eltern!" Eine lange Weile schweigt der Fürst. Er ist wütend.

Siddharta merkt das. Es tut ihm leid, aber es läßt sich nicht ändern.

„Kennst du Yasodhara gut?" fragt der Fürst.

„Ich glaube schon ... gut genug immerhin, um mir sicher zu sein."

„Und du hältst sie für geeignet, die Fürstin unseres Reiches zu werden?"

„Wenn es sich so ergibt, warum nicht? Ich habe meine Wahl nicht unter diesem Gesichtspunkt getroffen. Das muß ich zugeben."

„Unter welchem dann?"

„Ich will eine Frau heiraten, die mich liebt und die ich liebe."

„In einer Ehe sind andere Dinge wichtiger als Verliebtheit."

„Ich sagte nicht ‚Verliebtheit', ich sagte ‚Liebe'."

„Es ist nicht notwendig, daß man einander glühend liebt. Eine Frau muß Kinder zur Welt bringen. Sie muß dem Haushalt vorstehen. Sie muß mit ihrer Schönheit das Haus schmücken."

„Ich bin da anderer Meinung als du, Vater."

Suddhodana läßt ein nervöses Hüsteln hören. Ein Zeichen dafür, daß er erregt ist, aber sich zu beherrschen versucht. Siddharta kennt das von Gesprächen im Audienzsaal, bei denen er anwesend war. Dann dreht sich Suddhodana abrupt um und geht fort.

Siddharta wartet.

Er wartet geduldig. Er weiß nicht, wieviel Zeit vergeht. Er hört, wie der Vater eine Weile unruhig im Haus umherwandert. Er hört ihn ins Schlafzimmer gehen.

Siddharta wartet.

Es ist ihm, als führe er einen Kampf gegen die Zeit. Er muß nicht seinen Vater besiegen, sondern die Zeit.

Er muß lange warten.

Dann kommt der Vater wieder.

„Bist du immer noch auf?" fragt er.

Siddharta antwortet nicht.

„Ich konnte nicht einschlafen", sagt der Vater.

„Das tut mir leid. Ich wollte dich nicht beunruhigen."

„Ich finde dein Verhalten empörend."

„Warum?"

„Du versuchst immer wieder, die guten alten Sitten außer Kraft zu setzen."

„Wenn es gute Sitten sind, sind sie gewiß nützlich. Wenn es unnütze Sitten sind, könnte man sie ändern."

„Es gibt Dinge, die man nicht ändern kann. Wenn man sie ändert, stürzt alles zusammen."

„... doch wohl nicht davon, daß ich Yasodhara gefragt habe, ob sie meine Frau werden will", sagt Siddharta mit etwas Spott.

„Es geht um das Prinzip", beharrt Suddhodana.

„Nicht für mich", sagt Siddharta.

„Ich weiß wirklich nicht", sagt der Vater aufgebracht, „ist das Gelassenheit oder Arroganz, was dich so reden läßt?"

„Ich bin sicher", erwidert Siddharta. „Warum sich noch ereifern, wenn man sich einer Sache sicher ist?"

Er spürt, Suddhodana ist nicht so rasch bereit, nachzugeben.

„Was würdest du eigentlich tun", fragt der Vater, „wenn ich mit der Wahl, die du getroffen hast, nun ganz und gar nicht einverstanden wäre?"

„Ich müßte dann so lange warten, bis ich dich davon überzeugt hätte, daß diese Wahl dennoch die richtige ist."

„Und wenn ich wünschte, du solltest ein anderes Mädchen heiraten?"

Siddharta lacht leise. Das ist doch ein Spiel, denkt er und sagt: „So müßtest du darauf so lange warten, bis du mich davon überzeugt hast, daß sie die Richtige ist."

„Spitzfindigkeiten", erwidert der Vater, „du drehst einem die Worte im Munde herum."

„Offenbar hast du mich in Rhetorik von einem fähigen Lehrer unterrichten lassen. Du willst, daß ich heirate?"

„O ja ... und ich gebe deiner Mutter recht. Es ist höchste Zeit", sagt der Vater. Er bricht ab, scheint sich zu bedenken. „Also gut", fährt er dann fort. „Ich bin einverstanden. Heirate Yasodhara. Gehen wir jetzt schlafen, mein Sohn. Ich hoffe für dich und für sie, daß wir die richtige Entscheidung getroffen haben."

„Ich danke dir, Vater", sagt Siddharta und verbeugt sich, „es tut mir leid, daß ihr es oft schwer habt mit mir."

12.
Hochzeit und danach

Es werden Vorbereitungen für die Hochzeit des Prinzen getroffen. Die drei Landsitze des Herrschers außerhalb von Kapilavastu, die er zu den drei verschiedenen Jahreszeiten, Winter, Sommer und Regenzeit, manchmal besucht, werden für Yasodhara und Siddharta hergerichtet. Suddhodana ist bestrebt, Siddharta alle Annehmlichkeiten im Leben eines verheirateten Mannes darzustellen.

Siddharta spürt: Auch das dient dazu, ihn für ein standesgemäßes Leben zu gewinnen.

Da der Vater seine Abneigung gegenüber den brahmanischen Ritualen kennt, wird beschlossen, diese bei der Hochzeit auf das Notwendigste zu beschränken.

So findet eine einfache Feier in der Krönungshalle der Residenz statt. Danach fährt das Brautpaar in das Sommerhaus Suddhodanas. Es ist im Gebirge nördlich von Kapilavastu gelegen. Im Garten vor dem Haus glänzen Teiche mit Lotosblüten. Hinter dem Haus liegt ein Obstgarten, der allmählich in den Dschungel übergeht.

Es ist angenehm, in diesem Haus zu wohnen, besonders während des Sommers, wenn die Hitze groß ist und die Brise, die von den Vorbergen herabweht, die Kühle der schnell fließenden Bäche und der künstlich angelegten kleinen Wasserfälle mitbringt.

Die Hochzeitsgesellschaft, die nur aus den nächsten Angehörigen der Brautleute besteht, trifft am späten Nachmittag dort ein.

Große Tafeln mit den verschiedensten Gerichten sind

aufgebaut. Eine Gruppe hübscher junger Mädchen trägt ein Hochzeitslied vor. Die Bewohner der umliegenden Dörfer sind gekommen, um dem jungen Paar Glück zu wünschen. Die Gratulanten aus den Dörfern betreten das Landhaus nicht. Sie warten im Garten. Es genügt, wenn das Paar auf die Terrasse tritt und ihnen einen Augenblick zuwinkt.

Nachmittag und Abend vergehen mit Gesprächen und unendlich vielen Glückwünschen. Dann brechen die Gäste auf.

Siddharta und Yasodhara stehen am Portal, um jeden zu verabschieden. Als letzte verlassen die beiden Elternpaare das Haus.

Yasodhara geht zu ihrem Vater, kniet nieder, umfaßt mit beiden Händen seine Fußknöchel. Mit Tränen in den Augen faßt er sie bei den Schultern, hebt sie auf und küßt sie auf die Stirn.

Dann geht die Braut zu ihrer Mutter, die ebenfalls bewegt von ihrer Tochter Abschied nimmt.

Nun tritt Siddharta vor seinen Vater, wirft sich zu Boden, berührt mit der Stirn dessen Füße. Suddhodana legt seinem Sohn die Hand segnend auf den Hinterkopf.

Dann wiederholt Siddharta die Geste der Unterwerfung und Ehrbezeigung bei Schwiegervater und Schwiegermutter.

Siddharta sieht am Gesichtsausdruck seines Vaters: Er ist zufrieden, daß alles in der rechten Ordnung vonstatten gegangen ist.

Als endlich alle davongefahren sind, überkommt Siddharta ein Gefühl von Verlassenheit.

Er geht zu Yasodhara, legt seinen rechten Arm um ihre Schultern und zieht sie zu sich heran. Zärtlich lehnt sie ihren Kopf an seine Brust. Wieder empfindet er dieses Gefühl starker Verbundenheit, wie damals, als er sie zum erstenmal küßte. Nun also wird er die Nacht mit ihr verbringen.

Von nun an, wenn er will, jede Nacht.

Ihre Schönheit wird seine Sinne aufstacheln. Er schätzt das nicht gering ein. Er hat die Frau heiraten können, die er liebt, von der er weiß, daß sie ihn liebt. Irgendwann werden sie ein Kind haben. So trägt der Kitzel der Lust dazu bei, den Kreislauf des Leidens, dem alle unterliegen, fortzusetzen.

Er freut sich darauf, mit Yasodhara zu schlafen, ihre Brüste zu berühren, ihren Schoß; zu erleben, wie im Augenblick höchster Lust alle Gedanken ausgelöscht sind, alle Schwere zu Leichtigkeit wird.

Aber eine Furcht sitzt irgendwo hinter dieser Freude und diesem Glücksgefühl, die Ahnung von einer Beunruhigung, die er nicht übergehen und ganz fortdrängen kann. Er könnte nicht davon reden, nicht einmal zu Yasodhara, die er doch nicht zuletzt deswegen gewählt hat, weil sie ihm als der Mensch erscheint, dem er am meisten vertraut.

Was ist das, was da bohrt und nagt in seinen Gedanken?

Er findet keine Erklärung dafür.

Er beobachtet sich selbst während all der Stunden der Nacht, ob dieses Gefühl verschwindet, während sie sich lieben.

Nein, es bleibt anwesend, bis auf jenen Augenblick in ihrer Umarmung, in dem alles ausgeätzt ist, alles verbrennt. Aber schon wenige Sekunden später ist die Beunruhigung wieder spürbar.

Was ist das?

Ein Phantom, ein Hirngespinst, ein innerer Vorbehalt, sich dem anderen nicht ganz ausliefern zu wollen?

Er weiß es nicht.

Er macht den Versuch, mit Yasodhara darüber zu reden. Der Versuch mißlingt. Sie ist glücklich. Sie findet beruhigende Worte.

Er spürt, daß eigentlich nur eines für sie wichtig ist: ein Kind zu empfangen. „Das Kind unserer Liebe ...", sagt sie.

Und gerade ihre Freude darauf verstärkt seine Furcht. Er

kann ihr diese Freude nicht nehmen. Er käme sich gemein vor. Es wäre wie eine Rebellion gegen das Natürlichste auf der Welt. Und doch wird er das Gefühl nicht los, daß diese Rebellion notwendig sein könnte.

Die Schwierigkeit ist, daß zur Überwindung des Leidens Leiden hervorgerufen werden müssen. Und gerade dem Menschen, den er am meisten liebt, soll er solche Leiden schaffen?

Er findet da keinen Ausweg.

Der Ausweg ist vorerst nur jenes Vergessen, das auf die Spiele der Liebe folgt. Er beobachtet, wie er sich an diese Ablenkung gewöhnt. Er schilt sich, daß er es Ablenkung heißt.

Während ihres Aufenthalts in der Sommerresidenz kommen viele Besucher. Am häufigsten läßt sich Kapila sehen.

Siddharta wird sich bewußt: Von nun an wird es mit ihren ungezwungenen Ausflügen, bei denen sie philosophierten und diskutierten, ein Ende haben. Wann immer Kapila da ist, meint er zu bemerken, daß sich Yasodhara zurückgesetzt und allein vorkommt. Nicht, daß sie dagegen protestiert, daß Kapila so oft kommt. Aber es ist eine verdeckte Eifersucht in ihr.

Am Abend pflegen Siddharta und Yasodhara vor das Haus zu treten und einen Spaziergang durch den Garten zu unternehmen. Wenn sie zurückkehren, werden sie von Musikanten unterhalten, die der Fürst gemietet hat. Es ist üblich, daß sich die reichen Leute im Königreich so vergnügen. Es ist weiter üblich, daß man bei solcher Abendunterhaltung berauschende Getränke zu sich nimmt, daß die Musiker, Sänger und Tanzmädchen so lange auftreten, bis der Herr und die Herrin leicht betrunken sind und von den Dienern ins Bett getragen werden.

Siddharta ist die berauschenden Getränke nicht gewöhnt. Nach ein paar Abenden langweilt es ihn, immer wieder die gleichen Lieder, Tänze und akrobatischen Kunststückchen an sich vorbeirauschen zu sehen. Es haftet alldem in seinen Augen etwas Mechanisches an. Die Darbietungen sind perfekt, aber ohne einen Funken Spontaneität.

So fragt er eines Abends Yasodhara, als sie von ihrem Spaziergang zurückkommen: „Hast du eigentlich Freude daran, daß diese Leute jeden Abend Musik machen und vor uns tanzen?"

„Nicht allzusehr", erwidert sie vorsichtig. „Du bist ihrer überdrüssig, nicht wahr?"

Siddharta ist immer wieder erstaunt, wieviele von seinen Empfindungen sie doch kennt, wie viel von dem, was in ihm vorgeht, sie erahnt. „Ich mag Musik", sagt er, „Musik ist schön. Es ist natürlich, sich über etwas Schönes zu freuen. Aber die ständige Wiederholung stumpft ab. Findest du nicht auch? So verwandelt sich Genuß in Langeweile."

Yasodhara erwidert nichts. Sie spürt, daß er gleich noch etwas sagen wird.

„Was meinst du", fährt er fort, „ob diese Musikanten und Tänzer noch selbst Freude an ihrer Kunst haben, wenn sie vor uns auftreten?"

„Sie trinken ständig dabei, hab' ich gesehen", sagt Yasodhara. „Vielleicht ist es ihnen nicht weniger langweilig als dir. Das nehmen sie eben hin. Sie werden dafür bezahlt. Schließlich übt man ja seinen Beruf nicht aus, um selbst dabei seinen Spaß zu haben, sondern um seinen Lebensunterhalt damit zu verdienen."

„Ist es wirklich so, daß all diese Musikanten und Tänzer nichts zu essen hätten, wenn sie nicht für uns spielten?"

„Gewiß doch", antwortet Yasodhara. „Wenn alle Reichen in Kapilavastu keine Feste mehr feierten und sie nicht mehr mieteten, sähe es gewiß schlecht für sie aus. Sie können nun einmal nichts anderes als Musik machen, tanzen oder ihre Kunststücke vorführen. Sie haben ein Talent. Sie verkaufen sich an die wohlhabenden Leute, die natürlich bei diesem Handel ausschließlich an ihr eigenes Vergnügen denken. So kommt es dazu, daß den Darbietungen mit der Zeit etwas Mechanisches anhaftet. Aber wenn sich daran etwas ändern sollte, müßten wohl beide Seiten ihr Verhalten ändern. Man müßte die Künstler davor schützen, daß sie ausgebeutet werden. Aber diese müßten vielleicht dann auch auf einen Teil ihres Verdienstes verzichten."

„Du bist also für den Ausgleich", sagt Siddharta. „Du bist vernünftig. Das gefällt mir an dir. Gut, so kann man die Dinge sehen. Aber warum nicht von sich aus mit dem Etwas-Ändern anfangen! Wir könnten ihnen doch sagen, sie brauchten bei uns nur alle drei Tage aufzutreten?"

„Hieße das, sie müßten auf einen Teil ihres Lohnes verzichten?"

„Nein", sagt Siddharta, „wir haben sie ja gewissermaßen geschenkt bekommen. Also fällt es uns leicht, großzügig zu sein. Sie sollen ihren vollen Lohn erhalten. Aber vielleicht führt die Freizeit, die sie gewinnen, dazu, daß sie einmal über den Stand der Dinge nachdenken. Dann müßte ihnen eigentlich aufgehen, daß sie sich selbst schädigen, wenn sie es dahin kommen lassen, daß ihre Darbietungen mechanisch wirken."

„Gut", sagt Yasodhara, „versuchen wir es einmal so."

Am nächsten Tag ruft sie den Haushofmeister zu sich und teilt ihm mit, Siddharta wünsche nur alle drei Tage eine Vorstellung am Abend.

Die Artisten sind enttäuscht, als sie davon hören. Freilich, wenn sie lange singen, spielen und tanzen, werden sie müde, und manches wird zur Routine. Wenn die Nachlässigkeiten ihnen bewußt werden, versuchen sie, sich mit berauschenden Getränken aufzuputschen. Am frühen Morgen, wenn ihr Auftritt endlich beendet ist, brechen sie vor Erschöpfung fast zusammen. Am Tag schlafen sie bis Mittag. Es ist ein unnatürliches Leben. Aber das sind sie so gewohnt.

Damit, daß ihr nächster Auftritt erst am dritten Tag ist, gerät ihr Lebensrhythmus durcheinander. Am Abend des zweiten Tages schon wissen sie nicht, was sie mit der freien Zeit, die man ihnen geschenkt hat, anfangen sollen. Sie protestieren nicht. Sie wollen sich nicht den Zorn jenes Mannes zuziehen, der sehr bald wahrscheinlich Fürst dieses Landes sein wird.

Ein paar Tage später fragt Siddharta seine Frau: „Nun, wie gefällt unseren Künstlern die neue Regelung? Genießen sie es nun, länger frei zu haben?"

„Es ist merkwürdig", berichtet ihm Yasodhara. „Sie meinen, wir wüßten ihre Dienste nicht zu schätzen. Außerdem finden sie, so würden sie ihren Lohn gar nicht verdienen."

„Immerhin sind sie verunsichert", sagt Siddharta lachend, „das ist der erste Schritt. Der nächste könnte die Einsicht sein, daß sie sich selbst schaden, während sie anderen Schaden zufügen. Wenn ihnen das aufgeht, kommen sie vielleicht schließlich dahin, die ganze Einstellung zu ihrem Beruf zu überdenken und danach die zum Leben überhaupt."

„Verlangst du da nicht reichlich viel von ihnen?" erwidert Yasodhara. „Du versuchst, sie zu etwas zu veranlassen, was sonst nicht üblich ist. Du verleitest sie dazu, mit den Gewohnheiten ihres Standes und ihrer Kaste zu brechen. Wie sieht es denn sonst aus? Die Adligen sind Krieger, um das Land zu schützen. Sie setzen dabei ihr Leben aufs Spiel. Andererseits werden sie für dieses Risiko damit belohnt, daß sie im Land herrschen. Sie stellen die Fürsten."

Siddharta sieht Yasodhara an und lächelt. „Müssen Kriege denn sein? Meinst du nicht auch, daß Kriege sich unter anderem auch daraus ergeben, daß der Adel das Leben voll Vergnügungen und Müßiggang hin und wieder leid ist? Oder man fällt über Nachbarländer her, weil man sich Reichtümer verspricht, um ein noch angenehmeres Leben zu führen. Und schließlich gibt es Kriege, weil Fürsten und Adel, die aus der Kriegerkaste stammen, Verlangen haben nach noch mehr Macht, als sie ohnehin schon besitzen. Sie werden darin von den Brahmanen bestärkt, die genau wissen, daß auch sie von diesem System profitieren."

„Du argumentierst gegen die Kaste der Krieger und des Adels und gehörst ihr doch selbst an?" sagt Yasodhara mit etwas Spott.

„Es macht mir nichts aus, mich in diese Kritik einzubeziehen. Ich kann doch nicht die Augen verschließen vor falschen und schädlichen Gewohnheiten einer Kaste, nur weil ich selbst in ihr geboren bin."

Yasodhara schweigt.

„Sprich aus, was du denkst", ruft Siddharta.

„Ich werde mit einer Frage nicht fertig, auf die ich gestoßen bin", antwortet Yasodhara. „Was du über die Gewohnheiten der Krieger und des Adels sagst, ist wohl richtig. Welche Frau wollte den Krieg, in dem ihr Mann, ihre Kinder, vielleicht sogar sie selbst getötet würde! Aber du hast ja gesehen, wie diese Künstler reagiert haben. Es war nur eine Kleinigkeit, eine geringe Abweichung vom Gewohnten, und doch geriet alles bei ihnen durcheinander. Wenn jetzt alle aufgefordert und dazu gebracht würden, die Verhaltensweisen, an die sie sich gewöhnt haben, zu ändern – würde dann nicht alles zusammenbrechen? Wäre nicht Unordnung, ja das Chaos die Folge?"

„Man muß immer weiterdenken, bis zum Ende. Man darf nicht aufgeben zu fragen", antwortet er.

Es ist, als rede er eigentlich zu sich selbst.

„Freilich wird immer wieder behauptet, Veränderungen

würden die Welt in noch mehr Leid stürzen, als es ohnehin schon auf der Welt gibt. Ich habe meine Zweifel, ob das stimmt. Vielleicht ist das alles nur eine Schutzbehauptung derer, die die Macht haben. Das Verrückteste bei alledem ist: Sie wollen ihr Glück nicht loslassen, aber wenn sie ehrlich sind, so müßten sie zugeben, daß sie bei dem, was sie ‚Glück' nennen, gar nicht wirklich glücklich sind."

„Aber es gibt doch Glück. Bist du nicht glücklich, wenn wir uns lieben?"

„Aber was wäre, wenn wir uns nicht liebten? Erschrick nicht, Yasodhara. Natürlich bin ich glücklich, wenn ich dich umarme. Aber machen wir uns nichts vor. Auch das ist ein Vergnügen, das sich abnutzt, wie alle Lust, alle Freuden. Also ist es nicht das letztmögliche, endgültige, sondern nur ein vorläufiges Glück, ein vergängliches."

Er sieht, wie bestürzt sie ist, und er redet weiter: „Ich brauchte nur von dir getrennt zu werden ... schon wäre uns beiden dieses Glück entzogen. Du könntest sterben. Ich könnte sterben. Wie kann etwas Glück genannt werden, was so zerbrechlich, so gefährdet ist?"

„Also meinst du, wir seien auch gar nicht glücklich!" Sie sagt das lachend. Es gefällt ihr, wenn sie seine sich von der Wirklichkeit entfernenden Spekulationen mit nichts als dem Tonfall ihrer Stimme und einem Lachen zerplatzen lassen kann.

„Du weißt schon, wie ich es meine", beharrt er.

„Warum etwas suchen, was so schwer zu finden ist? Warum sich nicht an dem freuen, was jetzt ist?"

„Ich freue mich sehr wohl an dem, was jetzt ist", behauptet er und legt seinen Arm um ihre Schulter. „Aber soll ich deswegen aufhören zu denken?"

Sie macht sich von ihm los und sieht ihn an. Es ist eine große Entschlossenheit in ihrem Gesichtsausdruck. Ihre Hand berührt seine Wange. Sie sagt: „Ich bin froh, daß wir das Experiment unternommen haben, daß wir dieses Gespräch miteinander zu führen versucht haben. Ich will, daß du glücklich wirst. Ich will, daß du deine Suche nicht aufgeben mußt. Ich liebe auch dieses Verlangen an dir. Manchmal fürchte ich mich auch. Meinst du nicht, daß die Liebe das endgültige Glück ist?"

„Sie ist immerhin eine Ahnung davon", antwortet er und denkt an die Besinnungslosigkeit, in die er versinkt, wenn sie sich umarmen.

13.
Yoga

Yasodhara ist schwanger. Die Verwandtschaft und die Hofgesellschaft haben diese Nachricht mit großer Genugtuung aufgenommen.

Siddharta spürt: Wann immer der Ablauf seines Lebens mit dem der meisten jungen Männer übereinstimmt, sind seine Eltern erleichtert. Sie lieben Yasodhara. Sie verwöhnen sie. Sie bestaunen sie. Sie hat das Wunder vollbracht, aus ihrem Sohn einen angepaßten Menschen zu machen. Es gibt Bemerkungen von Siddharta, die darauf hinweisen, daß seine Zweifel und Fragen nicht ganz und gar untergegangen sind. Aber im großen und ganzen verhält er sich so, wie man das von einem Fürstensohn erwartet.

Wenn erst das Kind zur Welt gekommen ist, meint Asita, sein alter Lehrer, mit dem sich Suddhodana hin und wieder über das Wesen und die geistige Entwicklung seines Sohnes unterhält, würden sich gewiß auch noch die letzten Schroffheiten legen.

Dann will Suddhodana von den Hofpriestern ein Horoskop stellen lassen, aus dem man den Termin erfährt, an dem Siddharta die Amtsgeschäfte von seinem Vater übernehmen soll.

In der ersten Zeit seiner Ehe hat Siddharta Kapila seltener zu Gesicht bekommen. Eines Tages aber kommt dieser ganz aufgeregt zu ihm und erzählt von etwas, das er „die neue Spur" nennt.

Die Frage nach einer letzten Realität hat sie in ihren Gesprächen oft beschäftigt. Nun berichtet er von einer Praxis, die es ermöglichen soll, das individuelle Brahman, das Atman in sich freizusetzen und mit dem kosmischen Brahman zu vereinigen.

„Ist dir klar, was das bedeuten würde?" fragt Kapila.

„Es würde bedeuten, daß der Weg der Befreiung gefunden wäre."

„Genau ... und diesen Weg nennen sie Yoga."

„Wie geht man dabei vor?" erkundigt sich Siddharta, bei dem ein altes Interesse wiedererwacht.

„Das Allerwichtigste scheinen der rechte Ort und die rechte Umgebung zu sein. Die beste Atmosphäre zu den Übungen, die es auszuführen gilt, so sagt man, finde sich in der Abgeschiedenheit des Waldes."

Siddharta erinnert sich an die vier Lebensphasen eines Brahmanen.

Zuerst hat er die Veden zu studieren,
dann soll er als Haushalter leben,
in der dritten Phase als Einsiedler hausen
und endlich alle weltlichen Geschäfte und Ablenkungen aufgeben.

Gemäß der Lehre der Brahmanen sollte ein Leben, das zu Weisheit und Erleuchtung führt, genau in eben diesen vier Phasen ablaufen. Niemand, so lautet ein brahmanisches Gebot, solle und dürfe sein bürgerliches Leben aufgeben, ehe er nicht ein gesetztes Alter erreicht habe, ehe nicht seine Verpflichtungen in der Welt der Bürger erfüllt seien.

Immer ist ihm diese Einteilung verdächtig erschienen ... pedantisch. Als ob nur Greise metaphysische Interessen hätten. „Es ist also unumgänglich, sich zu dieser Art von Meditation in den Wald zurückzuziehen?" fragt er jetzt.

Kapila setzt zu einer längeren Erklärung an. „Es scheint unmöglich, Yoga im Alltag zu praktizieren. Nicht völlig unmöglich, aber was man dann erreicht, ist stark eingeschränkt. Eine Einsiedelei ist in der Tat die ideale Umgebung für diese Art der Meditation. Du verstehst? All die Ablenkungen fallen weg, die Nötigungen, sich an Sitten und Gewohnheiten zu halten. Im Wald ist man allein ... in einer natürlichen Umgebung."

„Ist dir aufgefallen", fragt Siddharta den Freund, „wie in letzter Zeit die Brahmanen wieder auf der Theorie von den vier Stadien herumreiten? Vielleicht tun sie das, damit diese neue Bewegung unter den jungen Adligen nicht allzu viele Anhänger gewinnt. Ich bin der Lehre von den vier Stadien einmal nachgegangen. Früher war das alles nicht so starr festgeschrieben. Man ging in die Einsamkeit, wenn man ein starkes inneres Bedürfnis dazu verspürte. Aber den Brahmanen ist nicht verborgen geblieben, daß durch solche Wahrheitssucher ihre Macht und ihr Einfluß untergraben wurden. Sie wollten die Leute in ihrer Häuslichkeit halten, denn nur so konnte man sie zu Opfergaben veranlassen. Vielleicht ist zu diesem Zweck die Lehre von den vier Lebensphasen überhaupt erst erfunden worden."

„Das wird auf die Dauer nichts nützen", stellt Kapila fest. „Die Eremiten, die Yoga lehren, haben starken Zulauf."

Siddharta nickt nachdenklich. „Ich spüre meine Fesseln. Wenn Yasodhara nicht schwanger wäre, ginge ich auch zu einem solchen Einsiedler in die Lehre. So muß ich mich mit Wissen aus zweiter Hand begnügen. Erzähl mir mehr von dieser ‚neuen Spur'."

„Gehen wir von der Frage aus", beginnt Kapila, „warum man Yoga praktizieren soll. Wissen und Unwissen stehen einander diametral gegenüber wie Licht und Dunkelheit. Wo Licht ist, kann keine Dunkelheit sein, wo Dunkelheit ist, gibt es kein Licht. Wissen ist Glaube. Torheit ist Zweifel. Wissen ist Wahrheit, Unwissenheit ist Täuschung. Wissen ist Glück, Unwissenheit Leid. Wissen ist Unsterblichkeit, Unwissenheit Tod."

„Was soll diese Aufzählung von Gegensätzen?"

„Warte ... Unwissenheit, so wie die Yoga lehrenden Eremiten sie sehen, ist verbunden mit der Körperlichkeit des Menschen. Wissen aber steht in Verbindung mit dem Absoluten. Das Brahman, das Absolute oder wie immer du es nennen willst, ist in seinem Wesenskern Geist, seine Form ist das Licht, sein Auge ist das Bewußtsein. Es ist der Meister des Hauses, der Herrscher über alles oder eben das Absolute. Es wird auch mit einem einsamen weißen Schwan verglichen. Während des Schlafes verläßt dieser seinen Käfig, die körperliche Materie. Er wandert umher, betrachtet voller Gefallen die verschiedenen Dinge. Sobald der Schlaf vorbei ist, kehrt er wieder in das Gefängnis des Körpers zurück."

„Ein System mehr", murrt Siddharta.

„Eher eine Anweisung, eine Folge von Bildern, um uns den Nachvollzug dessen, worum es geht, zu erleichtern", behauptet Kapila.

„Gut. Also das im Individuum vorhandene Brahman wird beim Menschen im Zustand des Schlafes freigesetzt. Im Wachen ist es in die Körperhülle eingesperrt. Du hast es mit einem Schwan verglichen, der die Dinge voller Wohlgefallen betrachtet. Es gibt doch aber gute und schlechte Träume?"

„Es ist nicht so, daß mit dem Traum das Absolute berührt wurde. Der Traum ist nur ein Anhaltspunkt dafür, daß sich das individuelle Brahman aus der Körperhülle befreien kann."

„Und wie wird man, nach Meinung der Yogameister, dann der wahren, wirklichen Form des kosmischen Brahman gewärtig?"

„Eben darum geht es", sagt Kapila. „Ein Yogameister würde dir antworten: Im traumlosen Schlaf. Es ist dies der Zustand zwischen Ende des Traums und Anfang des Erwachens, oder zwischen Ende des Wachseins und Anfang des

Traumes. In diesem Zustand befreit sich unser Brahman völlig von der materiellen Welt. Es erlebt dann keine Schranken, hat keine bedrückenden Wahrnehmungen. Es ist ein Zustand des Völlig-anders-Seins. Man fühlt sich weder gut noch schlecht. Alle Gegensätze sind aufgelöst. Man ist jenseits der Dualität. Man ist in Übereinstimmung mit dem Absoluten. Das Brahman, in einem jeden von uns vorhanden, denkt das Absolute. Es hört seine eigene Stimme, nimmt seinen eigenen Geruch wahr, schmeckt seine eigene Seligkeit. Es ist das unsterbliche, nichtmaterielle Selbst."

„Merkwürdig", wirft Siddharta ein, „in diesem Zusammenhang von Selbst zu sprechen. Im Schlaf ist man seines Selbst ja gerade nicht bewußt. Man könnte über sich selbst dann nichts sagen ..."

„Was nicht zufällig so ist", wirft Kapila ein. „Wer von sich selbst oder von seinem Selbst spricht, tut das, indem er es von dem anderer unterscheidet. In diesem Zustand aber gibt es keine solchen Unterscheidungen und Gegensätze mehr. Das Absolute ist jenseits aller Beschreibungen. Es läßt sich nicht mit diesem oder jenem vergleichen."

„Und dieser Zustand der Vereinigung mit dem Absoluten ... wie verhält es sich damit beim Tod des Menschen?"

„Wenn das Brahman nicht durch Erkenntnis freigesetzt ist, kehrt es nach dem Tod in einen anderen Körper zurück. Das Brahman wird wieder eingeboren. Aber kommen wir noch einmal auf den Zustand von Träumen und Wachen: Es läßt sich vorstellen, daß die Besonderheit dieses Zustandes von dem ersten Yoga-Lehrer, den wir nicht kennen, wahrgenommen worden ist. Tritt er vor und nach dem Schlaf von selbst ein, so versucht derjenige, der Yoga treibt, ihn gewissermaßen künstlich durch bestimmte Atem- und Konzentrationsübungen zu simulieren.

Aber noch ein Wort zu den verschiedenen Zuständen

und ihren Bedingungen. Im Wachzustand befindet sich das individuelle Brahman in völliger Gefangenschaft in der Körperhülle des Menschen. Im Traumzustand erhält es ein gewisses Maß an Freiheit, aber ist immer noch gebunden an Formen, die so etwas wie Nachbildungen der materiellen Welt sind.

Tod ist wie Traum. Das Brahman löst sich von der leblosen Körperhülle und pflanzt sich ein in einen anderen Körper. Somit hat Wiedergeburt etwas mit dem Wachzustand zu tun.

Das Problem ist also, dafür zu sorgen, daß das Brahman, von der Körperlichkeit befreit, keinen Unterschlupf in einer anderen Körperhülle mehr finden kann. Dann wäre der Kreislauf unterbrochen, das Gesetz des Karma überwunden. Das individuelle Brahman wäre im kosmischen Brahman, dem Absoluten, aufgegangen."

Siddharta wiegt den Kopf. „Nun ja ... soweit waren wir doch schon. Die völlige Befreiung des Brahman ... darum geht es."

„Genau das ist Zweck und Ziel von Yoga", erklärt Kapila. „Du wirst vielleicht die ganze Vorrede umständlich und langweilig gefunden haben. Aber sie war nötig, um dir das Vorstellungsfeld zu beschreiben, in dem man sich bei Yoga bewegt.

Im Wachzustand werden wir durch unsere Sinneswahrnehmungen von der Erkenntnis des Absoluten abgelenkt. Die Sinne sind wie Pferde, die uns mal hierhin, mal dorthin zerren, wenn wir sie nicht zügeln. Wie ein guter Wagenlenker müssen wir die Zügel weder schleifen lassen, noch dürfen wir sie zu fest anziehen. Sobald wir unsere Sinne unter Kontrolle gebracht haben, kommt unser Bewußtsein an die Reihe. Das Bewußtsein kann, ähnlich wie der Traum, sich seine eigenen Welten erschaffen, aber es hält uns in der Gefangenschaft einer Welt der bloßen Formen. Bei intensiverer Konzentration sind wir in der

Lage, die Welt der Dinge mit ihren Gegensatzpaaren zu überwinden und eine formlose Welt zu erreichen. Hier sind alle Unterscheidungen, Gegensätze und Widersprüche aufgehoben. Wenn wir es nun schaffen, diese formlose Welt zum Teil unserer Lebendigkeit zu machen, dann ist das individuelle Absolute mit dem allumfassenden Absoluten vereinigt und die Erleuchtung vollzogen."

Siddharta geht schweigend auf und ab.

„Es klingt plausibel", sagt er nach einer Weile, „es ist ein Weg ... ein schwieriger, aber das betrachte ich eher als ein Indiz für seine Richtigkeit. Etwas so höchst Kompliziertes kann unmöglich einfach zu bewerkstelligen sein."

„Aber jeder könnte es ... Jeder!" ruft Kapila begeistert. „Es ist nur von den Anstrengungen des Einzelnen abhängig. Willst du nicht einmal mitkommen und dich selbst mit einem Yoga lehrenden Eremiten unterhalten?"

„Ich sollte mit Yasodhara darüber sprechen", sagt Siddharta ausweichend.

„Machst du dich nicht etwas zu sehr von ihr abhängig?" fragt Kapila.

Siddharta legt Kapila begütigend die Hand auf die Schulter. „Ich weiß, Freund, du liebst die Liebe nicht, aber ich liebe Yasodhara."

14.
Die Schmerzen der Geburt

Die Zeit kommt heran, da Yasodhara ihr Kind zur Welt bringt. Die erfahrensten Hebammen von Kapilavastu sind von Suddhodana herbeigerufen worden und wohnen jetzt im Palast des Fürsten. Als die Wehen heftiger werden, wird Yasodhara in einen besonderen Raum gebracht.

Siddharta muß in einem Nebenzimmer warten. Sie lassen ihn nicht in das Geburtszimmer. Dort könne man Männer nicht gebrauchen, hat es geheißen.

Es wäre ihm lieber, er wäre dort und nicht nebenan, wo er alle Laute hört, die Stimmen, und nicht sehen kann, was tatsächlich vor sich geht. So wächst in ihm die Furcht von Augenblick zu Augenblick.

Über Stunden hin hört er Yasodharas unterdrückte Schmerzensschreie. Das geht ihm durch Mark und Bein. Er steigert sich in eine Panik.

Erst meint er, seiner eigenen Geburt beizuwohnen. Es ist ihm, als liege dort drüben seine Mutter, als werde er geboren, als verurteile er die Gebärende dadurch, daß er in diese Welt will, zum Tode.

Er kann nicht ruhig auf dem Stuhl sitzenbleiben, wozu er sich zwingen möchte. Er muß aufstehen und im Zimmer auf und ab gehen.

Er versucht, sich aus dieser Zwangsvorstellung, seiner eigenen Geburt beizuwohnen, zu befreien. Das gelingt ihm, aber nun steigen andere Ängste in ihm auf. Er fürchtet, Yasodhara könne sterben. Abermals gaukelt ihm seine Phantasie eine Situation vor, in der seine Existenz, sein

Handeln zur Ursache wird für den Tod eines anderen Menschen, des Menschen, den er am meisten liebt.

Yasodhara tot? Der einzige Mensch auf Erden, von dem er gewiß ist, daß er mit ihm eng verbunden leben kann – tot? Warum sollte er dann weiterleben?

Der Gedanke kommt ihm auch, daß jeder Mann, der mit einer Frau ein Kind zeugt, die Möglichkeit ihres Todes mit einkalkuliert. Wen man liebt, den tötet man. Was für Bedingungen!

Nur ruhig. Er ist nicht der erste Mann, der Vater wird. Wäre die Gefahr für Gebärende wirklich so groß, wie er sich das jetzt vorstellt, die Menschheit wäre wohl längst ausgestorben.

Er hat nie daran gedacht, daß die höchste Lust, die der Mensch erlebt, unabdingbar mit solchen Schmerzen verbunden ist, wie sie Yasodhara offenbar durchzustehen hat. Und würde sie auch nicht sterben – es bliebe die Zumutung dieser Schmerzen. Das Leben beginnt unter Schmerzen, es endet unter Schmerzen. Es stiftet Schmerzen, Leiden, Leid.

Was ist schlimmer: selbst Schmerzen erleiden oder hilflos die Leiden anderer nachvollziehen müssen, ohne ihnen helfen zu können? Er durchlebt einen Augenblick völliger Verzweiflung.

Plötzlich sind drinnen die Schreie verstummt.

Es ist völlig still.

Sein Herz scheint aufzuhören zu schlagen. Er spürt, wie es ihm kalt wird. Bis in die Fingerspitzen, bis in die Waden kriecht diese Kälte.

Im nächsten Augenblick ertönt ein zeterndes Geschrei.

Das Kind ist geboren.

Er sinkt auf einen Sessel. Er fühlt sich schwach und elend.

Pajapati kommt als erste aus dem Geburtszimmer. „Du kannst stolz sein. Deine Frau hat einem kräftigen Jungen das Leben geschenkt."

Er ist nicht stolz. Es gibt nicht die geringste Ursache für Stolz. Er versucht zu lächeln, Freude zu heucheln.

Pajapati durchschaut ihn. Sie sagt nichts, aber sie wirft ihm einen Blick zu, den er schon kennt, hinter dem die Frage steht: Was bist du doch für ein merkwürdiger Mann?

„Wir müssen jetzt Asita befragen, mit welcher Silbe der Name des Kindes beginnen soll", sagt Pajapati.

Siddharta nickt. Ist das wirklich so wichtig? überlegt er. Eine Lehre der Brahmanen besagt, daß der Name eines jeden Menschen mit einer Silbe beginnen müsse, die zu seinem Wesen passe, andernfalls werde ihm schon als Kind Leid geschehen.

Aberglaube. Überall die Furcht vor den Leiden. Das müßte überwunden werden.

Endlich läßt man ihn zu Yasodhara hinein. Was er sieht, kommt ihm unglaublich vor. Er hat erwartet, seine Frau werde bleich und elend aussehen. Über Stunden hat sie Schmerzen gelitten. Als er jetzt zu ihr tritt, wirkt ihr Gesicht entspannt. Ihr Blick ist geradezu fröhlich. Für ihn ist das ein Rätsel.

Das Kind, das neben ihr schläft, eingehüllt in eine weiße Wolldecke, zeigt ihm sein unschuldiges Gesicht. Er wirft einen Blick auf Mutter und Kind, geht um das Lager der beiden herum. Dann streicht er seiner Frau über das Haar. „Geht es dir besser, Yasodhara?"

„Es geht mir gut."

„Ich habe dich stöhnen und schreien hören."

Yasodhara schaut bekümmert drein. „Dir gehen die Leiden der anderen immer so nahe. Es war nicht recht, daß du dort drüben gewartet und alles mit angehört hast."

Er begreift, sie möchte ihm zu verstehen geben, daß ihre Leiden kurz waren, verglichen mit der großen Freude und dem Glück, das sie nun empfindet, da das Neugeborene neben ihr liegt.

„Was hast du?" fragt sie und lächelt ihm zu.

„Es ist nur ... alles Leben ist voller Leiden. Warum?"

„Nein", widerspricht sie, „so darfst du das nicht sehen. Alles Leben ist voller Glück. Hin und wieder machen wir mit Unglück und Leid Bekanntschaft, aber vielleicht ist das nur, damit wir das Glück dann um so besser wahrnehmen ."

Siddharta erwidert nichts. Er will sich jetzt nicht mit ihr streiten. Das Neugeborene, das da liegt, scheint ihm jedes Argument, das er vorbringen könnte, außer Kraft zu setzen.

Siddharta mag das Baby noch nicht auf den Arm nehmen. Das kleine Wesen wirkt so zerbrechlich. Er fürchtet, er könne etwas falsch machen. Er weiß nicht, wie er es halten soll. Er verspürt Zuneigung zu seinem kleinen Sohn. Er steht an dem Bett und schaut nachdenklich auf ihn hinunter. Dann geht er aus dem Zimmer.

Es herrscht Aufregung im Haus. Schritte und Stimmen. Er fühlt sich einsam. Yasodhara wird für ein paar Tage in ihren Gemächern bleiben. Seine Freunde besuchen ihn in letzter Zeit nicht mehr so häufig. Aber er mag auch den Palast nicht verlassen und sie aufsuchen. Vielleicht, daß Yasodhara ihn braucht.

Es ist eine friedliche Nacht. Aber das hat kaum Auswirkung auf seine Stimmung. Er hat sich von den Anfällen von Angst in der Zeit, da er auf die Geburt wartete, noch nicht erholt. Er geht im Garten des Palastes auf und ab und versucht, mit sich selbst ins reine zu kommen.

Gibt es denn keinen Ausweg aus all dem Leiden der Welt? Je mehr man nach dem Glück sucht, desto größer wird die Summe des Leids, auf das man stößt. Die Menschen streben danach, Geld zu verdienen. Je mehr sie verdienen, desto mehr nimmt ihre Habgier zu. Gleichzeitig wächst ihre Furcht, sie könnten alles verlieren.

Manche meinen, das Glück lasse sich mit Geld kaufen. Sie mieten die besten Musikanten, um sich von ihnen unterhalten zu lassen, die schönsten Mädchen, die für sie tanzen und singen sollen, Prostituierte, um ihre sexuelle Lust zu stillen. Sie führen ein Leben in Saus und Braus. Sie sind nicht zufrieden dabei und fahren doch fort, so zu leben, in der Hoffnung, eines Tages noch die Zufriedenheit zu finden. Wenn sie ihre Unzufriedenheit wahrnehmen, wenn Zweifel sie überkommen ... und Angst, so greifen sie zu berauschenden Getränken, um ihre Angst zu betäuben.

Wieder andere streben nach Macht. Aber wenn sie Macht erlangt haben, müssen sie sich darum sorgen, nicht wieder aus ihrem Amt verdrängt zu werden. Sie wollen, daß ihre Nachkommen ihr Amt und die Macht erben, gleichgültig, ob diese dazu befähigt sind oder nicht.

Die Priester wollen die anderen Menschen beherrschen. Sie behaupten, dies sei im Sinne Brahmas. Aber sie müssen jene fürchten, die das Wort „Brahma" anders auslegen als sie.

Jeder sorgt sich um etwas, leidet an etwas, endet schließlich durch seine Gier noch tiefer im Leid.

Gibt es wirklich jemanden, der auf dieser Welt glücklich genannt werden kann? Gibt es einen Weg der Befreiung von all den Leiden, den Ängsten und Enttäuschungen?

Es muß doch einen Weg aus diesem Labyrinth der Täuschungen und Leiden geben? Oder ist der Mensch immer darin gefangen? Sind das die unverrückbaren Bedingungen seines Lebens?

Immerhin, denkt Siddharta, bin ich Angehöriger der Adels- und Kriegerkaste. Warum soll ich mich nicht zu deren Parole bekennen: Besser sterben als die Waffen strecken. Das ist es, was Vessamitta mich immer gelehrt hat. Er hat es anders gemeint, aber das macht nichts.

Er erwacht aus einem traumähnlichen Zustand. Pajapati hat ihn gerufen. „Sohn, es ist schon spät. Findest du nicht auch, du solltest jetzt schlafen gehen? Seit vier Stunden spazierst du hier draußen auf und ab. Immer hin und her. Her und hin."

„Verzeiht, wenn ich Euch gestört habe, und gute Nacht."

Er geht zurück ins Haus. Er sieht noch einmal nach Yasodhara und dem Kind. Sie schlafen ruhig.

Er streckt sich auf sein Lager aus.

Wozu einen Sohn haben, wenn auch er nur in einen Dschungel von Leiden gerät, denkt er, und wieder breiten sich Fragen über Fragen in ihm aus.

Ja, er weiß, wie man das Kind nennen soll. Wenigstens das ist ihm bei all dem Nachdenken eingefallen. Rahu nennt man jene Verwirrung, die eine Sonnenfinsternis unter Menschen und Tieren hervorruft. In eine solche Verwirrung hat ihn die Geburt des Kindes gestürzt.

Aber das Wort hat auch eine optimistische Bedeutung. Es drückt die Erwartung aus, daß dieses Kind soviel Kraft besitze, um Sonne und Mond zu verschlingen. Vielleicht wird es seinem Sohn einmal gelingen, jene Fragen zu lösen, die ihn so bedrängen und verwirren.

Sein Name wird sein: Rahula.

15.
Atem

Eines Tages ist er dann doch mit Kapila zu dem Mann gegangen, der Yoga lehrt.

Er hat mit Yasodhara vorher darüber gesprochen. Er hat sie nicht gefragt, aber er hat es ihr erzählt. „Geh nur", hat sie gesagt, „wenn du findest, du müßtest gehen."

Sie hat keinen Widerstand aufgebaut. Sie hat ihm die Entscheidung anheimgestellt. Sie hat das Kind an der Brust gehabt. Er hat Rahula betrachtet. Das Kind hat lustvoll und entspannt zugleich ausgesehen.

„Was gibt es weiter darüber noch zu sagen?" hat Yasodhara fast schroff gefragt.

Er hat diese enge Verbindung zwischen dem Kind und ihr gespürt, eine Verbindung, von der er sich ausgeschlossen vorgekommen ist. Er ist zufrieden gewesen, daß es diese enge Verbindung zwischen Mutter und Kind gibt. Einmal wird es für sie ein Trost sein.

„Ja", hat er gesagt, „ich gehe."

Etwas hat ihn geschmerzt, und gleichzeitig hat er die Lust der Neugier empfunden.

Der Eremit ist ein Mann mit einem kahlrasierten Schädel, großen dunklen Augen und einem breiten Mund. Er ist jemand, der offensichtlich gern lacht. Oder spöttisch lächelt. Dann zucken die schwarzen Brauen in schrägen Strichen gegen den Haaransatz hin.

„Wozu will ein Fürstensohn Yoga lernen?" fragt der Mann, den Kapila Roschi nennt, nach der Begrüßung.

Siddharta hat nachgedacht. Da ließe sich manches vorbringen. Aber keiner seiner Gründe kommt ihm so vor, als daß er nicht mit einem Satz von Roschi widerlegt werden könnte. „Ich weiß es nicht", sagt Siddharta.

„Das ist ein guter Anfang", erwidert Roschi und fordert ihn auf, sich zu setzen.

„Du sitzt nicht richtig", sagt Roschi.

„Wie soll ich sitzen?"

„Stell dir ein Dreibein vor. Deine beiden Knie und dein Hintern sind die Endpunkte des Dreiecks. Jetzt laß deinen Körper leicht nach rechts und dann leicht nach links schwingen. Ja ... so, als sei er ein Pendel. Laß das langsam geschehen. Laß deine Wirbelsäule ein langsam schwingendes Pendel werden. Nein ... der Kopf kann ruhig mitschwingen. Stell dir vor, er sei nur die Verlängerung deiner Wirbelsäule. Plötzlich wirst du bei diesen Bewegungen einen Ruck spüren. Jetzt sitzt du aufrecht und richtig."

„Ich sitze fest und leicht."

„So nennst du es. Nun atme so, wie du immer atmest. Du mußt deinem Atem nachspüren, wie er kommt und geht."

Roschi läßt viel Zeit verstreichen zwischen seinen Anweisungen. Siddharta ist nie sicher, wann er sie geben wird.

„Nun verlagere deine Aufmerksamkeit auf deinen Unterleib. Stell dir vor, dort sei ein Ballon. Immer, wenn du einatmest, bläst sich der Ballon auf. Vergiß deine Lungen, deine Brust, deinen Oberkörper. Konzentriere dich nur darauf, wie sich der Ballon aufbläst und wieder leer wird ... Nicht zu heftig blasen. Du darfst den Ballon nicht zum Platzen bringen. Er soll sich nur aufblasen. Du mußt spüren, wie die Luft in den Ballon eintritt, wie sie die Hülle innen berührt, wie sich die Wände langsam weiten, während der Ballon aufgeblasen wird. So ... gut. Nun laß die Luft wieder aus dem Ballon entweichen. Langsam, vorsichtig, gleichmäßig. Atme aus durch die Nase. So. Versuche jetzt, auf diese Weise möglichst gleichmäßig zu atmen."

Wieder wartet Roschi eine Weile.

Siddharta erinnert sich, wie er in dem Gespräch mit seinem Vater die Kraft des Wartens erfahren hat.

Aber Roschi ruft plötzlich: „Hör auf!"

Siddharta schreckt hoch.

Der Rhythmus seines Atmens ist zerstört. Es ist, als ob jemand ein aus dünnen Hölzchen errichtetes Gebäude zum Einsturz gebracht hätte. Siddharta ist zornig über den Mutwillen.

Roschi hebt nur die Hand. „Nun bedarf es einiger Worte. Du kannst sie nicht wahrnehmen und gleichzeitig atmen. Komm, wir machen ein paar Schritte."

Daß man warten muß, in einer Ungewißheit ruhig werden, ist Siddharta nun schon klar. Und Roschi besitzt offenbar eine absolute Fähigkeit zu erspüren, wann bei seinem Schüler dieser Punkt erreicht ist. Schließlich sagt er: „Von dort aus, wo wir eben abgebrochen haben, mußte dann der Schritt zu der Übung getan werden, die wir ‚Beruhigung der Oberfläche des Teiches' nennen. Unsere Seele sollte werden wie die absolut unbewegte Oberfläche eines Teiches. Was steht dem im Weg? Unser Bewußtsein ist erregt durch Phantasien, Tagträume, durch alle Arten unbeherrschter geistiger Tätigkeit. Die meiste Zeit tragen wir eine schwere Last, die dicke Schicht des Bewußtseins von uns selbst, die alles filtert. Wir haben uns so sehr an unser Selbst gewöhnt, daß wir es gar nicht mehr wahrnehmen. Aber wenn wir ruhig werden, dann wird uns dies plötzlich sehr deutlich bewußt. Wir hassen dann all diese ablenkenden Einfälle, die, um im Bild des Teiches zu bleiben, dessen Rifflungen und Wellen wären. Wir haben ein starkes Bedürfnis nach Stille und Klarheit. Es ist tatsächlich außerordentlich schwierig, still zu sitzen, aufmerksam zu sein, ohne sich von diesen oder jenen Vorstellungen, Phantasien und Einfällen ablenken zu lassen. Aber wir haben ein Hilfsmittel erfunden, um eine solche Aufmerksamkeit herzustellen: Wir zählen unsere Atemzüge."

Roschi läßt seine beiden Schüler, Siddharta und Kapila, sich wieder setzen, ihre Körper in die richtige Haltung bringen. Er fordert sie auf, bewußt ihren Atemstrom zu verfolgen.

„Und nun kommt das Neue", sagt er dann. „Atmet aus und zählt das Ausatmen mit eins, atmet ein und zählt das Einatmen mit zwei, atmet abermals aus und zählt das Ausatmen mit drei ... und so weiter und so weiter, bis die Zahl Zehn erreicht ist. Darauf fangt ihr wieder von vorn an. Wenn ihr aber irgendwann beim Zählen spürt, daß durch ein Bild, einen Gedanken, eine Vorstellung eure Konzentration in Gefahr gerät, so müßt ihr das Zählen unterbrechen und wieder von vorn anfangen."

„Und warum das?" fragt Siddharta.

„Steht wieder auf", sagt Roschi. „Erklärungen gebe ich lieber im Gehen."

Er läßt sich Zeit mit seinen Erklärungen, so lange, bis Siddharta nun auch einen Rhythmus beim Gehen zu spüren meint. Dann sagt er: „Sich nur auf das Ein- und Ausatmen zu konzentrieren und bis zehn zu zählen ... das scheint leicht. Tatsächlich ist es, zumindest am Anfang, sehr schwer. Um das besser zu begreifen, muß man sich dies klarmachen: Zunächst einmal liegt es in der Natur des menschlichen Bewußtseins, ständig Gedanken hervorzubringen. Solange jemand nicht bewußtlos ist, wird in ihm ein Bild und ein Gedanke nach dem anderen produziert. Das gehört zur normalen Funktion unserer Psyche. Solche Gedanken, die während der Meditation nur eben einmal rasch aufblitzen, nennt man Zufallsgedanken. Nicht von ihnen geht die Störung aus. Wenn man die Zufallsgedanken unterbinden wollte, wäre das sehr schwierig, und man würde in einen tranceähnlichen Zustand geraten. Das ist nicht das Ziel von Yoga. Es geht dabei nicht darum, die Arbeit des menschlichen Hirns zu unterbinden.

Andererseits aber gibt es eine Art von Gedanken, die man nicht zulassen darf, denn sie würden sonst euer Bewußtsein so stark beherrschen, wie sie das im Alltag auch tun. Diese Art von Gedanken nennen wir lineare Gedanken. Sie entstehen aus einem Zufallsgedanken, entwickeln sich dann aber zu Handlungsabläufen, Szenen, Gedankenketten, die uns unweigerlich in unserer Konzentration beeinflussen und die bewegungslose Oberfläche wieder erschüttern.

Aber ob es sich nun um zufällige oder um lineare Gedanken handelt, eure notwendige Reaktion auf sie muß dieselbe sein. Sobald euch bewußt wird, was da abläuft, müßt ihr innehalten und mit neuem Eifer wieder bei eins beginnen. Wenn die zufälligen Gedanken nicht zu häufig sind, wenn sie nur mit der Häufigkeit von Kometen am Sternenhimmel durch euer Bewußtsein fliegen, könnt ihr fortfahren und sie ignorieren. Aber sobald sich zufällige Gedanken zu einer Geschichte, einer Kausalkette oder einer Bilderfolge zusammenfügen, müßt ihr augenblicklich abbrechen und mit dem Zählen neu beginnen.

Das Prinzip, das dieser Technik zugrunde liegt, ist ganz einfach. Niemand kann sich gleichzeitig wirklich intensiv auf zwei Dinge konzentrieren. Laßt euch von der Einfachheit dieser Übung nicht täuschen. Es ist ein hartes Stück Arbeit, ehe man es geschafft hat, bei gleichmäßigem Atmen von eins bis zehn zu zählen. Wenn ihr nicht ganz bewußt eure Aufmerksamkeit kontrolliert, wird sie nachlassen. Sie wird ausbleiben. Und nicht wahr ... keinen Selbstbetrug! Immer wieder zurück zu eins. Selbst wenn ihr euch noch an die Zahl erinnert, die an der Reihe war, als der Tagtraum sich breitmachte, müßt ihr zurück und wieder von vorn anfangen.

Auf diese Art und Weise werdet ihr relativ rasch ein starkes Konzentrationsvermögen entwickeln. Es ist wie beim Gewichtheben. Selbst wenn ihr zu Anfang schwach seid, werdet ihr bei regelmäßigem Training stark werden."

„Und stark wozu?" fragt Siddharta.

„Wer das Selbst endlich vergessen hat", antwortet Roschi, „weigert sich, die Sprache des Selbst zu benutzen."

Mehr ist er nicht bereit zu sagen.

Auf dem Heimweg reden die Freunde nicht.

Siddharta denkt: Es geht immer darum, das Schwere einfach zu machen. Und was einfach scheint, ist schwer. Man muß in einen Bereich gelangen, in dem dieser Gegensatz aufgehoben ist. Und was ist dort? – Es ginge also darum, das Unbeschreibbare mit Sprache zu beschreiben.

Aber diesen Raum sich vorzustellen, in ihn einzutreten – davor verspürt er immer noch eine leise Furcht.

Er kann sich vorstellen, wie es ist, wenn man auf dem Weg dorthin abstürzt.

16.
Die geschlagene Frau

Eine Weile waren die Dinge in der Schwebe.

Ganz hat Siddharta seine philosophischen Neigungen nie unterdrücken können. Die Gespräche mit Kapila und Naradatta sind nach seiner Heirat seltener geworden, aber es hat sie natürlich gegeben.

Yasodhara hat gelernt, sie nicht als Bedrohung ihrer Beziehung zu Siddharta anzusehen.

Auch seine Eltern und Schwiegereltern haben diese Neigung toleriert. Es steht einem angehenden Prinzen nicht schlecht an zu wissen, welche philosophischen und religiösen Strömungen in seinem Land aufkommen. Zu einer Zeit, da Politik und Religion noch sehr eng miteinander verbunden sind, der Einfluß der Brahmanen auf die Staatsgeschäfte groß ist, kann es nicht schaden, wenn ein junger Herrscher sich auch in diesem Bereich genau auskennt.

Etwas ganz anderes geschieht nach der Begegnung mit dem Yoga praktizierenden Eremiten. Die Lust an einem Leben in der Hauslosigkeit ist bei Siddharta wieder wachgekitzelt worden. Der Eifer und die Begeisterung, mit denen er auf Roschis Anweisungen reagiert hat, zeigen ihm einmal mehr, wie groß und mächtig sein Bedürfnis nach neuen spirituellen Erfahrungen immer noch ist.

Seine Ehe mit Yasodhara ist glücklich, aber er ist sich auch darüber im klaren, wie gefährdet solches Glück immer ist. Im Gegensatz zu vielen anderen Menschen, die solche Beobachtungen an sich gewiß auch machen, sie dann aber verdrängen, bleiben sie bei ihm stets im Vordergrund seines Bewußtseins.

Er denkt über die Liebe nach, die in ihm geweckt worden ist, als er Rahula zum erstenmal gesehen hat. Diese Liebe hat zugenommen, während das Kind herangewachsen ist, als es anfing, im Haus herumzukrabbeln, unter der liebevollen und achtsamen Fürsorge der Dienerinnen seine ersten Schritte zu machen. Immer, wenn er Rahula auf den Arm nimmt, spürt er dieses Gefühl von Liebe wieder. Siddhartas Welt des Liebens dehnt sich aus.

Zuerst hat er seine Liebe und Zuneigung auf seine Eltern und seine Freunde bezogen, dann auf Yasodhara und auf Rahula.

Die Befriedigung, die sich aus solcher Liebe und Zuneigung ergibt, leitet sich ab von der Freude der Sinne. Ganz kann er seine Ängste bei Rahulas Geburt immer noch nicht vergessen. Die Sätze „Das menschliche Leben dauert nicht ewig. Es ist zerbrechlich wie eine Luftblase auf dem Wasser" verlangen danach, anerkannt zu werden, auch in den Konsequenzen, die sich eigentlich aus ihnen ergeben.

Gibt es eine Möglichkeit, das Rätsel der Existenz zu lösen? fragt sich Siddharta. Gibt es eine Art zu leben, ohne den Erfahrungen von Vorläufigkeit und Leiden ausgesetzt zu sein?

Die Brahmanenpriester versprechen ewiges Leben im Himmel als Belohnung für vollzogene Opferrituale. Bestimmte Asketen behaupten, daß der Mensch keine Macht habe, den Lauf der Natur zu beeinflussen. Andere verkünden, der Mensch besitze die Fähigkeit, Freiheit von allen Leiden zu erlangen und einen Zustand der Unsterblichkeit zu erreichen.

Gibt es einen Zustand, der den Tod überwindet?

Vieles auf dieser Welt, wenn nicht alles, ist mit Leid verbunden oder durch Leid bedroht. Wenn es einen Gott gibt, der die Welt erschaffen hat, muß das dann nicht – bei einer

Welt voller Leiden und Unvollkommenheiten – ein böser Gott sein? Oder, wenn man ihn nicht als böse ansehen will, hat er dann nicht irgendeinen Ausweg gelassen ... einen Pfad der Freiheit? Vielleicht war dieser Pfad nur begraben unter einem dichten Dschungel von Dummheit und Vorurteilen, Mythen, Aberglaube, versteinerten Sitten und Ritualen.

Siddharta denkt wieder an seine Frau und an seinen kleinen Sohn, an die Verpflichtung, für sie zu sorgen. Er kann sich nicht an die Lösung dieser kompliziertesten aller Fragen machen in seiner Häuslichkeit. Einmal mehr nimmt er sich vor, den Weg der Pflicht zu gehen, das Verlangen, sich mit dieser Frage weiter zu beschäftigen, als unzulässig abzutun. Er wird seinem Vater, Suddhodana, dem Fürsten der Sakya, im Amt folgen.

Aber dann baut sich die folgende Gedankenkette in ihm auf: Mein Vater, als Herrscher dieses Reiches, ist nicht in der Lage gewesen, den Menschen zu helfen. Ein großer Teil seiner Untertanen durchlebt ein Leben voller Leid. Wie sollte auch mein Vater ihnen helfen können, da er ja im entscheidenden Augenblick nicht einmal seiner eigenen Frau helfen konnte? Wie kann ich Yasodhara und Rahula helfen? Werde ich auch so hilflos dastehen wie mein Vater?

Dann sagt er sich: Wenn ich dieses Problem für mich selbst gelöst hätte, wäre ich wahrscheinlich auch in der Lage, der leidenden Menschheit zu helfen und mich selbst zu erretten.

Yasodhara spürt, daß Siddharta eine kritische Phase durchmacht. Sie hat keinen Zweifel an seiner Liebe zu ihr und dem Kind. Sie hat sich eine merkwürdige Gelassenheit angeeignet. Was sein wird, wird sein.

Sie weiß, sie kann Siddharta nicht ändern, ohne ihn zu zerstören. Würde sie es versuchen, er wäre ein anderer Mensch, und sie liebt diesen Mann.

Ganz anders Suddhodana. Während der ganzen Kindheit Siddhartas ist er die Angst nicht losgeworden, von der Prophezeiung bei Siddhartas Geburt könne jener Aspekt, den er fürchtet und unterdrückt sehen möchte, in Erfüllung gehen. Die Vorstellung, der Sohn könne als Einsiedler in die Wälder gehen, ist ihm schrecklich. Geschähe es, so hätte er das Gefühl, versagt zu haben. Seit Rahulas Geburt ist er beruhigt. Er weiß, Siddharta und Yasodhara sind enger miteinander verbunden denn je. Er nimmt an, Siddhartas Bindung an Frau und Kind habe dieses andere Verlangen endgültig ausgelöscht. Gegenüber Yasodhara empfindet er Dankbarkeit. In seinen Augen gebührt ihr das Verdienst für diese Entwicklung.

Rahula zieht Suddhodanas ganze Liebe auf sich. Der Fürst entzieht sich hin und wieder sogar seinen Herrscherpflichten, um sich seinem Enkel zu widmen. Yasodhara und Rahula liest er jeden Wunsch von den Augen ab.

Siddharta wird sich dieser zunehmenden Zuneigung und Fürsorge bewußt, die sein Vater seiner Frau und seinem Sohn zuteil werden läßt. Seine Furcht, daß sie ernsthaft in Gefahr geraten könnten, würde er fortgehen, nimmt immer mehr ab. Er ist schließlich fest davon überzeugt: Suddhodana wird so gut für seine Frau und sein Kind sorgen wie er ... vielleicht noch besser.

Wenn er, Siddharta, in der Hauslosigkeit keine Lösung für die Fragen findet, die ihn beschäftigen, kann er immer noch zurückkommen und die Regierung des Reiches übernehmen.

Yasodhara merkt recht genau, was sich in Siddharta abspielt. Er verbirgt sein wachsendes Interesse an der Lehre der Asketen und Yogis nicht. Als sie seine Zerrissenheit merkt, spricht sie mit ihm.

Sie beginnt dieses Gespräch mit dem Ziel, ihn zu bitten, noch etwas zu warten. Aber als sie reden, merkt sie, daß Siddharta seine Entscheidung schon getroffen hat.

Asita, Suddhodanas Ratgeber und Siddhartas Lehrer, stirbt im Alter von dreiundachtzig Jahren. Da Suddhodana gerade nicht in Kapilavastu anwesend ist, geht Siddharta in seiner Vertretung zur Begräbniszeremonie.

Asitas Körper wird fest mit rosafarbenem Stoff umwickelt und auf einem Holzrahmen festgebunden. Dann trägt man die Leiche zum Fluß Rohini und taucht sie in die heiligen Wasser. Darauf bleibt die Bahre eine Weile am Ufer stehen, um abzutrocknen.

In einiger Entfernung ist der Verbrennungsplatz vorbereitet worden. Ein Holzstoß mit Reisig. Drei Fuß hoch. Das brennende Holz wird noch mit Öl übergossen. Dann schiebt man die sterbliche Hülle Asitas in die Flammen.

Ein Brahmanenpriester, eine Fackel in der Hand, umschreitet den Holzstoß, während andere Priester Abschnitte aus den Veden rezitieren:

Sanft sei diesem, o Erde, dornlose Herberggeberin,
Gibt ihm Bergung, Geräumige!

Im unbeengten, weiten Raum der Erde nieder sei gelegt;
Spenden, die lebend du gebracht, seien nun honigtriefend dir!

Ich rufe hier mit meinem Sinne deinen Sinn:
Geh wohlgefällig ein zu diesem Hause!
Geselle dich den Vätern zu, dem Totengott;
Ein sanfter Wind weh' aufwärts dich, ein starker!
Nicht dein Sinn, nicht dein Lebensgeist, nicht deine Glieder, deine Kraft.
Nichts soll gelassen hier sein deines Leibes!

Dich enge nicht der Totenbaum ein, die große Göttin Erde nicht;
Raum finde bei den Vätern, bei König Yama wachse du!

Was von den Gliedern irgend dir verrenkt ist,
Was dir von Ab- und Anhauch schwand im Winde,
Das mögen dir die Väter Hausgenossen
Durch wiederholte Nahrung wieder bringen.

Siddharta sieht mit den anderen Trauergästen zu, wie die Flammen den Leichnam verzehren. Er ist traurig und niedergeschlagen, das Geheimnis, von dem das Sterben umgeben ist, nicht zu erkennen.

Asita ist einer der angesehensten Männer in Kapilavastu gewesen. Sein Ende hat sich nicht wesentlich von dem einer anderen Person unterschieden. Sind sein scharfer Verstand, sein Geist wirklich von den Flammen verzehrt worden? Was geschah mit seinem individuellen Brahman? Hat es den Körper verlassen? Ist es mit dem Rauch der Bestattungsfeuer zum Himmel aufgestiegen?

Beunruhigt durch solche Gedanken, bringt Siddharta es nicht fertig, das Ende des Rituals abzuwarten. Auf dem Heimweg aber wird er von einer Ansammlung von Menschen aufgehalten, die eine Frau beschimpfen und sie mit Steinen bewerfen.

Er mischt sich ein, will die Wütenden beruhigen, sie zurückhalten. Als die Leute ihn erkennen, rennen die meisten fort.

Die Kleider der Frau sind schmutzig und zerrissen. Sie kann mit den Fctzen kaum ihre Blöße bedecken. Die Frau ist von den Pfeilen verletzt, die aus der Menge nach ihr geworfen worden sind. Blut fließt aus den Wunden.

„Was hat euch diese arme Frau getan, daß ihr sie so quält?" fragt er zornig.

„Herr, sie geht halbnackt durch die Stadt, mit aufgelöstem Haar. Sie murmelt merkwürdige Sätze. Dieses Weib ist wahnsinnig. Wir haben lediglich versucht, sie zu vertreiben."

„Aber keiner hat herauszufinden versucht, warum

sie verrückt geworden ist! Keiner hat versucht, ihr zu helfen!"

„Nein, Herr", erwidert einer der Männer finster.

„Schämt ihr euch nicht? Was, wenn dies eure Mutter, eure Schwester wäre? Würdet ihr dann auch so mit ihr verfahren?"

Beschämt blicken die Leute zu Boden.

Siddharta spricht einen Mann mittleren Alters an. „Lebst du hier in der Nähe?"

„Ja, Prinz."

„Dann hole Kleider für diese Frau."

„Ja."

Nach ein paar Minuten kommt er mit Kleidern in Begleitung seiner Ehefrau zurück.

„Hilf du der Frau auf die Beine, und leg ihr die Kleider an."

Die Frau, die gekommen ist, will sich nicht den Unmut des Fürstensohnes zuziehen. Also gehorcht sie.

Nachdem die Wahnsinnige notdürftig bekleidet ist, tritt Siddharta näher zu ihr heran. „Warum läufst du so umher? Hast du kein Zuhause?" fragt er sie. Er muß lange warten, bis sie antwortet. Er hat Geduld gelernt.

„Nein, ich habe kein Zuhause. Ich habe nichts, wovon ich leben kann", murmelt die Frau.

„... keinen Ehemann? Keine Verwandten, keine Mutter, keinen Vater, keinen Bruder, keine Schwester?"

„... habe ich nicht. Ich lief fort mit dem Mann, den ich liebte. Ich hatte einen Sohn von zwei Jahren. Ich erwartete ein zweites Kind und wollte zu meinen Eltern zurückkehren, um es bei ihnen zur Welt zu bringen."

Sie hält inne und starrt Siddharta mit weit aufgerissenen Augen an. Das Leid und die Sorgen stehen ihr nur zu deutlich im Gesicht geschrieben.

„Und weiter?"

„Sie sind alle tot. Während ich auf dem Weg war, bekam

ich Schmerzen. Mein Mann wollte Hilfe holen. Er wurde von einer Schlange gebissen und starb. Kurz darauf setzte der große Regen ein. Mein kleiner Sohn ..." Sie kann nicht weiter sprechen.

Siddharta ist erregt. Er will sie nicht weiter durch Fragen quälen. Aber nach einem Moment redet die Frau dennoch weiter. „Mein kleiner Sohn lief und rief nach seinem Vater. Eine Raubkatze sprang ihn an und schleppte ihn fort." Diesmal kann sie kaum ihrer Tränen Herr werden.

„Aber deine Eltern ... haben sie dich verstoßen?"

„Nein, das nicht. Als ich in ihr Dorf zurückkehrte, hörte ich, daß ihr Haus niedergebrannt sei. Mein alter Vater und meine Mutter waren in den Flammen umgekommen. Mein zweites Kind starb bei der Geburt. Warum bin nur ich am Leben geblieben?"

„Schwester", sagt Siddharta, „der Tod ist etwas, dem keiner entgeht."

„Aber warum mußte mir all das zustoßen?"

Siddharta weiß auf diese Frage auch keine Antwort.

Er begreift, daß ihr Wahnsinn aus dem Übermaß ihrer Leiden entstanden ist. Er könnte ihr irgendeinen billigen Trost vorgaukeln. Das käme ihm wie eine zusätzliche Verhöhnung vor. In diesem Augenblick spürt er wieder den Anspruch, sich doch ganz und gar der Lösung der Frage zu widmen, wie das Leid zu überwinden sei.

„Schwester", spricht er jetzt, „ich bin der Sohn des Fürsten Suddhodana. Ich bitte dich, in einer Woche in den Palast zu kommen. Ich werde dann alles versuchen, um dir zu helfen. Aber wenn du kommst, so bring mir doch eine Handvoll Reis aus jenem Haus in Kapilavastu mit, in dem noch nie jemand gestorben ist. Willst du das bitte tun?"

„Ja", sagt die Frau.

Siddharta wendet sich wieder dem Paar zu, das für die Frau die Kleider gebracht hat. „Seid so gut und nehmt diese arme Frau mit in euer Haus. Gebt ihr die Möglichkeit, sich zu säubern, und versorgt sie mit Medizin und Nahrung. Und du", er wendet sich dem Mann zu, „kommst morgen früh in den Palast. Ich werde dich für deine Mühe belohnen."

Der Mann verneigt sich tief.

Siddharta geht weiter. Seine Gedanken gehen mit ihm. Könnte man sie sehen, sie wären wie ein Mückenschwarm. Vergänglichkeit und Leiden, überlegt er, sind die Grundtatsachen des menschlichen Lebens. Eine Mutter oder ein Vater sind betroffen vom Tod ihres Kindes. Ein Kind wehklagt über den Tod seiner Eltern. Ein Bruder trauert um seine Schwester, die Schwester um den Bruder. Ist dieses Leiden notwendig? Gibt es aus ihm keinen Ausweg?

Er kehrt mit dem Entschluß in den Palast zurück, Yasodhara von der Notwendigkeit zu überzeugen, in die Hauslosigkeit zu gehen, um eine Antwort auf all diese Fragen zu suchen.

17.
Rechtfertigung

Siddharta und Yasodhara stehen sich gegenüber.

„Ich werde gehen", sagt Siddharta.

„Ich weiß, ich kann dich nicht zurückhalten."

„Was denkst du, was fühlst du?"

„Wenn ich mich auf meinen Verstand verlasse, begreife ich dich. Wenn ich auf mein Gefühl höre, möchte ich mich auflehnen, schreien, dich zurückhalten."

„Aber mit deinem Verstand begreifst du es?"

„Es ist, als stände jemand außerhalb meiner selbst und flüsterte mir etwas ins Ohr. Ich sage mir dann: Vielleicht sollte ich ihm nicht zuhören."

„Und was flüstert er?"

„Warum soll es gerade Siddharta gelingen, das schwierige Problem zu lösen, mit dem sich die Menschen herumschlagen. Nicht nur, seitdem wir auf dieser Welt sind, sondern solange wir wahrnehmen und denken können, was mit uns geschieht. Ist das nicht Hochmut? Und außerdem: Warum muß man dazu in die Hauslosigkeit?"

„Einmal muß es gelingen, dieses Problem zu lösen. Vielleicht werde auch ich scheitern. Aber meine Anstrengung wird andere anstacheln. Und was die Hauslosigkeit angeht: Ein hochgestecktes Ziel erreicht man nur, wenn man sich ihm ausschließlich widmet, ohne Wenn und Aber. Man kann kein guter Fürst sein und nebenher auch noch ein wenig Philosoph."

Sie antwortet nichts.

„Rede", sagt er, „ich will, daß du mit deiner Furcht fertig wirst."

„Es ist nicht eigentlich Furcht", sagt Yasodhara, „es ist mehr Traurigkeit ... und ich werde immer darauf warten, daß du zurückkommst."

„Es ist nicht ausgeschlossen, daß ich zurückkomme. Es ist ein Experiment, aber ich muß dieses Experiment unternehmen. Wenn ich jetzt bliebe, wäre ich nicht einmal ein guter Ehemann."

„Wann willst du gehen?"

„Irgendwann. Ich will nicht, daß großes Aufsehen darüber entsteht. Abgesehen davon, daß ich dich verlasse, ist es keine Angelegenheit, um die man viel Aufhebens machen müßte."

„Du verläßt deine Eltern, deinen Sohn, dein Volk."

„An etwas ankleben und sich losreißen ist immer schmerzlich. Ich kann euch nur damit trösten, daß es ohnehin wahrscheinlich das Grundproblem ist, dieses Ankleben zu überwinden."

„Ist dann noch eine menschliche Ordnung denkbar?"

„Sind die Grunderfahrungen des Menschen Unbeständigkeit und Leiden, oder sind sie es nicht?"

„Man könnte auch sagen, sie seien darin zu sehen, daß man Leiden ertragen und Enttäuschungen überwinden lernt."

„Es würden neue kommen", sagt Siddharta. „Es geht darum, das Übel an der Wurzel zu packen."

„Ich gebe es auf", sagt Yasodhara, „ich bin ja auch nur eine Frau."

„Wenn du meine Meinung wissen willst", sagt Siddharta, „ich halte Frauen für tapferer als Männer, wahrscheinlich hängt es mit den Schmerzen zusammen, die sie bei jedem Kind, das sie zur Welt bringen, erleiden müssen. Gerade diese Eigenschaft aber lenkt ihr Denken und Empfinden eher in die Richtung einer Hinnahme des Leidens als einer Auflehnung gegen es."

„Falsch", ruft sie, „wenn ich mit dir rede, lehne ich mich doch dagegen auf, daß du mich verlassen willst. Aber es ist keine Hilfe. Du hast dir eine uneinnehmbare Burg gebaut."

„Meinst du, ich liebte dich nicht mehr?"

„Ich weiß nicht, ob du jemanden liebst", sagt sie finster, „sicherlich hast du dir eine Entschuldigung erfunden, in der auch deine Liebe Platz hat. Aber vielleicht handelst du ja auch nur so, weil die Angst vor dem Tod stärker ist in dir als jedes andere Gefühl. Es ist letztlich für mich gleichgültig, dies zu ergründen, da ich gewiß bin: Du wirst gehen – davon werde ich dich nicht abhalten können."

„Es ist gut, daß du es so siehst", sagt er. „Mehr Trost als diesen habe ich dir auch nicht anzubieten."

Natürlich erfahren auch andere Leute im Palast von diesem Gespräch. Dienerinnen haben gelauscht, tragen das, was sie gehört haben, weiter. Pajapati werden Fetzen aus dieser Unterhaltung hinterbracht. Sie redet mit Yasodhara und ist erstaunt, daß diese Siddhartas Entschluß verständnisvoll zu erklären versucht.

Pajapati sagt: „Yasodhara, bist du dir darüber im klaren, daß du eine große Verantwortung für Siddhartas Handlungsweise trägst? Es ist doch bekannt: Er tut, was du willst."

Yasodhara erzählt Siddharta davon: „Hast du gehört", sagt sie, „du tust, was ich will."

„Pajapati ist eine gute Frau und eine gute Mutter. Sie will mein und dein Bestes. Das wollte sie immer, aber sie ist sehr naiv. Du wirst sehen: als nächstes mobilisiert sie meinen Vater!"

Es dauert nicht lange, da erscheint, gefolgt von Pajapati, Suddhodana in Siddhartas Gemächern.

Er trifft Siddharta bei einer Unterhaltung mit Yasodhara an. Eine Dienerin ist noch im Zimmer, die mit Rahula spielt. Siddharta bittet sie, mit dem Kind hinauszugehen.

Suddhodana kommt gleich zur Sache. „Du hast dich also entschlossen, in die Hauslosigkeit zu gehen", sagt er.

Siddharta antwortet nicht, sondern lächelt.

Suddhodana und Pajapati schauen zu Yasodhara hin, als erwarteten sie von ihr eine Antwort. Sie schaut Siddharta an, als wolle sie ausdrücken: „Es ist an dir, deinem Vater zu antworten."

Suddhodana bekommt einen Wutausbruch.

„Ein Angehöriger des Adels darf sein Haus erst verlassen, wenn er die Lebensmitte erreicht hat. Du aber bist noch viel zu jung, um dich in die Hauslosigkeit davonzumachen. Dein Verhalten ist skandalös."

„Vater", sagt Siddharta endlich, „findest du nicht auch, daß wir uns alle etwas komisch benehmen? Ich warte schon darauf, daß du mir androhst, du würdest mich festnehmen lassen, um meinen Auszug in die Hauslosigkeit zu verhindern. Wenn du in dich hineinhörst, erfährst du auch, daß all dies nichts nutzen würde.

Natürlich bin ich immer noch dein Sohn, aber wie du selbst gesagt hast, bin ich ein erwachsener Mensch. Und du wirst nicht annehmen, daß ich meinen Entschluß leichtsinnig und unüberlegt gefaßt habe."

„Das stimmt", ruft Yasodhara dazwischen, „ich habe es schon seit ein paar Jahren gespürt, wie es ihn umtreibt."

„Vater", beginnt Siddharta wieder, „nimm zur Kenntnis, daß nichts und niemand mich davon wird abhalten können, meinen Entschluß auszuführen. Ich will aber gern auch dir noch einmal zu erklären versuchen, warum ich gehen muß. Ich weiß, mein Verhalten widerspricht den Regeln der Brahmanen über die den Lebensaltern angemessene Verhaltensweise. Diese Regel enthält einen entscheidenden Denkfehler, wie du gleich hören wirst. Ich frage dich: Wonach bemessen wir, ob jemand in seiner Lebensmitte steht, da doch niemand zu sagen weiß, wie lange das Leben des einzelnen Menschen dauert? Einige sterben jung. Für sie gibt es das, was für andere die Lebensmitte ist, überhaupt nicht. Warum sollte die Suche nach einer Lösung der Probleme von Vergänglichkeit und Leiden bis ins Alter verschoben werden?"

„Du legst dir eine Philosophie zurecht, die deinen Egoismus entschuldigt", ruft Suddhodana. „Du gehst in die Wälder und willst als Einsiedler leben, weil du die Verantwortung scheust, ein Land zu regieren. Dabei könntest du auch eine ganze Menge für die Menschen tun ... wenn es dir wirklich darum ginge. Aber es ist nicht so spektakulär. Es wird dabei nicht gleich die ganze Menschheit gerettet; es werden nicht gleich die Grundfragen menschlicher Existenz gelöst."

Er hat den letzten Worten einen ironischen Tonfall gegeben. „Dir geht es nur darum, dich selbst zu retten; was aus den anderen wird, die Hilfe brauchen, ist dir gleichgültig."

„Das stimmt nicht", antwortet Siddharta ruhig.

„Für mich sind diese Hauslosen Schmarotzer", ruft der Vater. „Hat man je einen Eremiten gesehen, der anderen geholfen hat? Sie sind eine Last für die menschliche Gesellschaft. Sie hängen ihren hochfliegenden Gedanken nach. Sie verkriechen sich dazu in die Wälder, und wenn sie etwas brauchen, schleichen sie sich in die Dörfer und betteln. Das weißt du doch auch. Sie betteln die armen Dörfler an, ohne ihnen ihrerseits etwas zu geben."

„Vielleicht wird irgendeiner von ihnen der Welt einmal mehr geben, als all die anderen je bekommen haben."

„Großartige Redensarten", schimpft Suddhodana.

„Bei mir wird das Leben in den Wäldern wahrscheinlich ein vorübergehender Zustand sein", versucht Siddharta den Vater zu beruhigen. „Wenn ich eine Lösung für die Probleme der leidenden Menschen finde, wird das allen nützen, den Reichen wie den Armen. Jenen, die andere und mich während unserer Zeit als Einsiedler unterstützt haben, und jenen, die die Almosen verweigerten. Für mich bedeutet das Leben in der Hauslosigkeit kein Ende, sondern nur ein Mittel zum Zweck."

„Wohin willst du eigentlich gehen und wann?"

„Wohin ich gehe, weiß ich noch nicht. Aber es wird nun sehr bald geschehen", erwidert Siddharta und schaut zu Yasodhara hin.

Sie erwidert seinen Blick nicht. Sie scheint Mühe zu haben, die Beherrschung nicht zu verlieren.

Suddhodana steht auf. Er schüttelt unwillig den Kopf. Man merkt ihm an, er ist verzweifelt.

Siddharta geht zu ihm hin, legt seinen Arm um die Schulter des Vaters. „Begreifst du es nun besser?" fragt er versöhnlich.

„Ich begreife gar nichts", antwortet Suddhodana, und erbittert fährt er fort: „Was, frage ich mich immer wieder, habe ich falsch gemacht bei deiner Erziehung? Die Götter sind meine Zeugen, daß ich das Beste gewollt habe. Aber es hat alles ein schlimmes Ende genommen."

„Unser beider Leben ist noch nicht zu Ende, Vater", sagt Siddharta.

„Manchmal", sagt Suddhodana mit einem Stöhnen, „denkt man, es wäre besser, nie gelebt zu haben."

„Eben", erwidert Siddharta. „Und deshalb ziehe ich aus."

18.
Der Auszug

Nun, da alles häufig bedacht und besprochen worden ist, wird es gleichgültig, wann er aufbricht, und doch auch wieder nicht.

Er verläßt sich darauf, daß ihm sein Gefühl verrät, wann es die rechte Zeit ist. Er möchte kein Aufhebens machen von seinem Übertritt vom Leben in der Behaustheit in die Hauslosigkeit. Am liebsten würde er sich davonstehlen. Nicht, weil er ein schlechtes Gewissen hat, sondern weil das Aufheben, das die Menschen von seiner Entscheidung machen, ihm unangemessen erscheint.

Ob es eine Vollmondnacht im Juni gewesen ist, in der er gegangen ist, läßt sich gewiß nicht mit Sicherheit sagen. Später haben es die Menschen behauptet, aber das will wenig heißen. Er wird die Nacht gewählt haben, um das Aufsehen zu vermeiden, und eine Jahreszeit, in der man einen langen Weg gehen konnte.

Spekulationen gibt es auch, ob er Yasodhara weckte, ehe er ging, oder sie schlafen ließ, um ihr und sich den Abschied zu erleichtern.

Man kann sich das ausdenken, wie man will.

Daß ihn jemand begleitet hat auf dem ersten Stück seines Suchweges, ist wahrscheinlich. Man kann diesen jemand Channa nennen, wie die Legende es will.

Bei Tagesanbruch überschreiten Siddharta und Channa die Grenze des Fürstentums und erreichen den Fluß Anoma.

An dieser Stelle rasiert sich Siddharta das Haupthaar

und seinen Bart. Sich das Haar abzuschneiden heißt, sich seiner Kraft und seiner Würde zu begeben.

Auch wechselt Siddharta das Gewand. Das Bündel seiner bisher getragenen Kleider übergibt er Channa und heißt ihn, es seinem Vater auszuhändigen.

Mit Tränen in den Augen wirft sich Channa vor seinem Herrn zu Boden.

Siddharta entläßt ihn, dankt ihm für seine Hilfe.

Es ist früher Nachmittag, als Channa nach Kapilavastu zurückkehrt. Er stellt die Pferde in den Stall. Alles erinnert ihn an seinen Herrn. Kummer beißt ihn. Er wagt es nicht, dem Fürsten oder Yasodhara Siddhartas Auszug zu melden. Er verläßt den Palast, ohne jemandem etwas zu sagen. Das Bündel mit den Kleidern läßt er auf dem Sattel von Siddhartas Reitpferd zurück. Das Bild des Fürstensohnes, der sich in einen Hauslosen verwandelt hat, läßt ihn nicht los. Es wirft auch ihn aus der Bahn seines Lebens.

Erst am Nachmittag wird das Kleiderbündel von Dienern aus Siddhartas Haushalt gefunden und Yasodhara überbracht. Auch jene, die jetzt die Nachricht zu ihr bringen, fürchten sich.

Aber sie nickt nur. Sie nimmt es hin, als sei es die selbstverständlichste Sache der Welt. Sie ordnet an, daß Siddhartas Kleider an einen Armen verschenkt werden.

„Aber wenn er wiederkommt“, wendet eine Dienerin ein.

„Wenn er wiederkommt, wird er solche Kleider nicht mehr brauchen“, erwidert Yasodhara. Sie sagt es achtlos. Aber die Dienerinnen merken sich solche Äußerungen. Später erinnern sie sich.

Tatsächlich sind diese Worte gefallen.

Achtlos.

So entstehen Legenden ...

19.
Meditationen

Dieser Mann, der Siddharta heißt, ist nun ein Samana, ein wandernder Sinnsucher.

Die Tatsache, daß es ein Wort für diesen Zustand gibt, beweist, daß zumindest nicht wenige Menschen so leben. Allerdings dürften Prinzen und Fürstensöhne unter den Samanas selten gewesen sein.

Rückschauend wird Siddharta selbst über diese Zeit berichten:

Eng ist das Leben in der Häuslichkeit, dieser Stätte der Unreinheit. In den freien Himmelsraum öffnet sich das Leben des Samanas.

Natürlich ist das eine Stilisierung.

Leicht können die ersten Tage und Wochen als Samana nicht gewesen sein. Und der prinzliche Samana fällt auf.

Er kommt nach Rajagaha, der Hauptstadt des Reiches Magadha. Der König Bimbisara, auch noch ein junger Mann von vierundzwanzig Jahren, sieht den ungewöhnlich aussehenden Samana, der mit der Bettelschale die Altstadt durchstreift, von der Terrasse seines Schlosses aus. Er geht zu ihm hinunter, um sich mit ihm zu unterhalten.

Das ist nun wiederum so ungewöhnlich nicht. Könige haben in dieser Zeit Respekt vor Aussteigern und Sinnsuchern. Es ist eine Zeit des Aufbruchs und Umbruchs. Die Neugier der Wohlhabenden und Herrschenden auf den letzten Stand der religiösen und philosophischen Diskussion ist groß. Von Samanas, die häufig weit herumkommen, erfährt man, was in einer anderen Ecke des riesigen Landes gerade diskutiert wird. Außerdem glaubt man, daß sich von einem Samana magische Kräfte auf einen selbst übertragen.

Bimbisara befragt Siddharta, wo er herkomme.

Aus dem Land Kosala und dem Volk der Sakya, das in den Vorbergen des höchsten Gebirges wohne, ist die Antwort.

Und warum ist er ein Samana geworden?

Er verzichte auf die Sinnesfreuden zum Zweck geistiger Erkenntnisse, soll Siddharta nach der buddhistischen Legende geantwortet haben. In seiner Vorsicht und Offenheit klingt dieser Satz ziemlich überzeugend, obwohl auch er nur Legende ist.

Siddharta bleibt nicht in der Königsstadt. Er hat ein bestimmtes Reiseziel. Er will zu dem Meditationslehrer Alara, der als Einsiedler in der Umgebung der Stadt wohnt.

Alara nimmt ihn nicht sofort bei sich auf. Er will keine Schwierigkeiten.

Wieder muß sich Siddharta erst einer Befragung unterziehen.

„Du bist noch jung und stattlich. Hast du keine Familie? Wie bist du darauf gekommen, von daheim fortzugehen?"

„Ich habe eine Frau und einen Sohn. Mein Vater ist ein Fürst. Auch ich sollte ein Fürst werden. Ich hatte alles, was man sich zu einem angenehmen Leben wünschen kann. Aber aus alldem erwuchs mir keine Befriedigung. Solches Glück ist vergänglich. Und aus allen Sinnesfreuden wächst am Ende nur Leid. Ich suche nach einem Ausweg aus Unglück und Enttäuschung."

Das klingt recht ernsthaft, verrät mehr Bewußtheit, als Alara bei vielen anderen antrifft, die bei ihm vorsprechen. „Ich werde dich als Schüler annehmen", sagt Alara.

Etwas hat Siddharta an Alara besonders interessiert. Es ist nicht nur sein Ruf als Meditationslehrer. Er verkündet seine Lehre nicht nur auf Grund einer Glaubensgewißheit. Er lebt gemäß seinen Erkenntnissen.

„Die Weisheit, die ich lehre", sagt Alara, „stammt aus den Gedanken der Alten. Aber wir denken sie nicht nur, wir praktizieren sie auch. Ich werde dich in diesen Praktiken unterweisen. Es liegt bei dir, was du dem, was du bei mir lernst, für dich selbst entnimmst."

Das räumt Freiheit ein, scheint eine Aufforderung zur Selbstentscheidung. Auch das gefällt Siddharta. „So sei es, Meister", erwidert er.

Alara beginnt seine Unterweisung mit der folgenden Erklärung: „Meditation", so sagt er, „wie ich sie praktiziere, hat zum Ziel die Beruhigung des Bewußtseins. Die Gegenstände um uns erregen unsere Aufmerksamkeit. Sie regen uns an und regen uns auf. Es ist uns darum zu tun, einen Zustand zu erreichen, in dem uns die Dinge nicht mehr behelligen. Das ist nicht so leicht, wie es sich anhört. Als ersten Schritt dazu mußt du die fünf großen Täuschungen überwinden. Die erste besteht in der Ansicht, daß der Körper wirklich sei. Die zweite besteht in dem Zweifel, die dritte liegt darin, sich an Riten und Rituale zu klammern. Die vierte ist die Lust auf Sinnlichkeit, die fünfte ist der üble Wille. Meinst du, du könntest das schaffen?"

„Das scheint mir ohne große Schwierigkeiten möglich, Meister", erwidert Siddharta. Er ist nicht wenig verblüfft. Tatsächlich hat Alara genau jene Dinge angesprochen, die ihn bestimmt haben, ein Samana zu werden.

„Wenn du dich mit den fünf großen Täuschungen auseinandergesetzt hast", fährt Alara fort, „kannst du mit jenen Konzentrationsübungen beginnen, die zur Erfahrung der ersten Stufe führen. Die Überwindung und Ausschaltung der Sinneswünsche lassen einen eine Freude und ein Glück ganz neuer Art empfinden. Du solltest dann versuchen, diese Freude und das Glück, das aus der Abgeschiedenheit erwächst, in dir aufrechtzuerhalten. Dies nenne ich das erste Stadium der Meditation."

Siddharta zieht sich an einen abgeschiedenen Platz zurück. Es bereitet ihm keine größeren Schwierigkeiten, die fünf großen Täuschungen abzutun. Er konzentriert sich in einer Weise, die dazu führt, daß er die Gedanken an Sinnenlust vermeidet.

Sein Bewußtsein wird zeitweilig frei vom Vergnügen der Sinne. Er macht auch die Erfahrung einer neuen Art von Genugtuung und Freude.

Er denkt darüber nach und vergleicht diese mit der Freude und der Genugtuung, die er früher gekannt hat. Er empfindet sie der früheren überlegen.

Er berichtet Alara von seinen Erfahrungen und erhält Anweisungen, wie er nun verfahren soll.

„Du hast den Zustand von Freude und Glück gemeistert, der durch Abschließung gegen die sinnlichen Reize entsteht. Du hast diesen Zustand wahrgenommen, über ihn nachgedacht und ihn von den früheren Erfahrungen unterschieden. Wenn du nun nichts weiter tust, wenn du dich der neuen Erkenntnis nur hingibst, wird sich Gewöhnung einstellen. Versuche deshalb, das Vergleichen und Unterscheiden mit früher abzustellen, und du wirst abermals zu einem anderen Zustand von Glück und Gelassenheit gelangen."

Siddharta zieht sich an seinen einsamen Platz zurück.

Er konzentriert sich. Er erreicht das erste Stadium. Als er es erreicht hat, hört er auf zu vergleichen und zu unterscheiden. Er zwingt sich, über den neuen Zustand nicht weiter nachzudenken. Tatsächlich erlebt er einen Sprung in eine andere Qualität von Freude und Gelassenheit.

Er meditiert so lange, bis er in der Lage ist, diesen Zustand in sich aufrechtzuerhalten.

Bei ihrem nächsten Lehrgespräch sagt Alara: „Auch Freude kann ein Hindernis sein für weitere Fortschritte.

Wenn man sich ihr hingibt, wird man unachtsam. Aufmerksamkeit aber ist unerläßlich, um die Dinge so zu sehen, wie sie wirklich sind. Nun versuche, deine Freude auszuschalten."

Siddharta befolgt Alaras Anweisungen.

Er erreicht das dritte Stadium der Meditation, das gekennzeichnet ist durch die Überwindung der Gegensätzlichkeit und durch die Wachsamkeit, die aus der Überwindung der Freude erwächst.

Er ist nun in der Lage, sich in einen ekstatischen Zustand zu versetzen, von dem sein ganzer Körper durchdrungen wird. Er hat die vierte Stufe erreicht.

Auf dieser Stufe empfindet man weder Vergnügen noch Freude noch Glück, aber auch keinen Schmerz. Durch die gesteigerte Aufmerksamkeit wird es möglich, die Ausgeglichenheit selbst zu betrachten. Das Bewußtsein wird hell, glatt wie ein Klumpen Ton ... Ton, der ohne Unreinheiten ist und den der Töpfer für alles, was er machen möchte, gebrauchen kann.

Siddharta hat vollständige Kontrolle über sein Bewußtsein erlangt.

Alara ist beeindruckt davon, in welch kurzer Zeit dieser Schüler die Technik der Meditation meistert. Aber es ist noch ein Schritt zu tun.

„Was du bisher geschafft hast", erklärt er ihm, „war die Befreiung von der Welt der sinnlichen Wahrnehmungen. Aber du bewegst dich mit deinem Fühlen und Denken immer noch im Reich der Formen und Gestalten. So ist die Freiheit immer noch bedroht. Du mußt nun versuchen, das Reich der Formen hinter dir zu lassen. Du mußt in einen Bereich vordringen, in dem es keine Formen mehr gibt. Das formlose Sein ist der nächste Bewußtseinszustand, den man erreichen kann."

„Aber wie eliminiert man die Formen? Wie finde ich die formlose Welt?" fragt Siddharta. Es ist im wahrsten Sinne des Wortes etwas Unvorstellbares, was da verlangt wird. Aber mit den bisherigen Erfahrungen ist sein Enthusiasmus gewachsen. Der Enthusiasmus hat seine Energie vermehrt.

„Alle Formen sind endlich", sagt ihm Alara, „somit ist das Formlose unendlich. Die einzige Ahnung von diesem Zustand, die wir von unseren Erfahrungen aus der Welt der Formen haben, ist die des Raumes. Deswegen solltest du nun deine Konzentration auf den Raum richten. Du mußt gewissermaßen versuchen, das Ende des Raumes zu erreichen. Die Voraussetzung dazu ist, daß du die vier Stadien von Konzentration, die dir schon vertraut sind, durchschreitest und dann über sie hinaus gelangst. Anders läßt es sich mit Worten, die alle Vergleiche aus dem Reich der Formen sind, nicht beschreiben."

„Ich will es versuchen", erwidert Siddharta und kehrt an den ruhigen Ort seiner Meditationen zurück.

Er braucht nicht viel Zeit, um die ersten vier Stadien zu durchschreiten, und als sein Bewußtsein entleert ist von Formen, richtet er seine Aufmerksamkeit auf den Raum. Seine Konzentration ist machtvoll und durchdringend, aber das Ende des Raumes kann er nicht erspüren. Die Konzentration zerbricht. Er ist abgestürzt.

Gibt es überhaupt ein Ende des Raumes? fragt er sich. Wenn es das gäbe, hätte ich dort ankommen müssen. Meine Konzentration war stark und durchdringend wie nie zuvor. Er ist enttäuscht. Er geht zu Alara und beklagt sich.

Alara lächelt.

„Was habe ich falsch gemacht?" fragt Siddharta.

„Nichts und etwas."

„Was soll das heißen?"

„Du hast richtig erkannt, daß der Raum unendlich ist. Jedenfalls ist kein erkennbares Ende abzusehen. Aber es ist falsch, sich darüber zu beunruhigen, darüber nachzudenken ... Du warst bestürzt, weil du annahmst, der Raum sei wie der Bereich der Formen ... nämlich begrenzt und endlich. Du hast dir nicht klargemacht, daß der Bereich, den du unter schärfster Konzentration erreicht hast, tatsächlich der des Raumes war. Du hast seine Qualität nicht akzeptiert. Damit bist du wieder in den Bereich der Gegensätze geraten. Wiederhole jetzt diese Übung.

Und wenn du den Bereich des grenzenlosen Raumes ohne Nachdenken in dir balancierst, kannst du abermals einen Schritt weiter tun. Du solltest dann einen Zustand erreichen, in dem der Raum zu bloßem Bewußtsein wird. Man könnte es auch anders ausdrücken. Es gibt dann keinen Unterschied zwischen deinem Bewußtsein und dem Raum mehr. Du hast das Ende deines Bewußtseins erreicht."

Wiederum folgt Siddharta den Anweisungen des Meisters peinlich genau. Und siehe da, was sich in Worten so abstrakt anhört, ist in der Meditation möglich. Er konzentriert sich ohne Erregung auf die Erfahrung des Raumes und versucht, dessen Ende zu erreichen. Er richtet seine Aufmerksamkeit auf sein Bewußtsein und dessen Verhältnis zum Raum, und schließlich gelingt ihm die Einsicht, daß Bewußtsein nicht eine substantielle Endlichkeit ist, die Form hat. Er ist jenseits des Zustandes einer begrenzten Bewußtheit geraten. Er hat sich das bloße Nichts, das man dort antrifft, vorzustellen, um es in sich aufrechterhalten zu können.

Er kehrt aus diesem Zustand zurück. Er berichtet Alara davon.

Er bemerkt bei Alara so etwas wie Bewunderung.

Der Meister sagt: „Du bist jetzt zu dem gleichen Grad von Konzentration fähig, zu dem ich auch fähig bin. Das Erstaunliche ist, daß ich ein ganzes Leben dazu brauchte und du es in ein paar Monaten geschafft hast. Du hast eine große Begabung zur Meditation. Ich denke, wir sollten das ausnützen. Wie ich höre, bist du auf dem Weg hierher dem

König begegnet. Es gibt an seinem Hof eine Menge Leute, die sich einen guten Meditationslehrer einiges kosten lassen würden."

Siddharta stößt einen wütenden Laut aus. Er weiß schon, was Alara ihm vorschlagen will: Männer und Frauen zu unterrichten, für die Meditation so etwas wie ein Gesellschaftsspiel ist.

Dazu ist er nicht ein Samana geworden. Dafür hat er sich in den vergangenen Monaten nicht abgemüht.

„Ich weiß", sagt Alara beschwichtigend, „du denkst gering von meinem Vorschlag. Es scheint dir verächtlich, deine Begabung für die Reichtümer dieser Welt zu verkaufen. Aber bedenke: Wir könnten damit viel Gutes tun. Wir könnten all diese Menschen, die nur aus Neugier und weil es Mode ist zu uns herauskommen, aus ihrer lächerlichen Verfallenheit an die Sinnesfreuden befreien. Wir könnten so Macht gewinnen, und die Macht benutzen, um Gutes zu tun."

Siddharta muß nicht lange überlegen. Mehr Schwierigkeiten hat er damit, nicht arrogant zu wirken. So sagt er nur: „Verzeiht, aber dies ist nicht der Weg, nach dem ich suche. Es wäre eine Tätigkeit, bei der ich mich von meiner Suche, von meinem Weg entfernen würde. Ich habe Euch viel zu verdanken. Ihr habt mich als Schüler aufgenommen. Ihr habt mir das ganze Wissen Eurer Lebenszeit geschenkt. Aber nun muß ich Euch bitten, mich zu entlassen."

„Nein, Siddharta", sagt Alara. „Bist du dir darüber im klaren, welche Chancen wir beide hätten, würden wir uns zusammentun? Wir könnten dieses Land beherrschen, was sag' ich: dieses Reich, alle Reiche. Wir würden die Menschen lehren, ihre Angst zu vergessen. Wohin wir sie danach dirigieren, das liegt bei dir und bei mir."

Lange betrachtet Siddharta das Gesicht seines Lehrers.

Es ist merkwürdig: Da schafft es ein Mensch, so viele

Täuschungen seiner Sinne und seines Bewußtseins zu durchschauen, um dann Opfer einer so banalen Täuschung zu werden wie der der Macht.

Wahrscheinlich ist er deswegen nie darauf verfallen, Alara könne Verlangen nach Einfluß und Macht haben, weil Macht für ihn nie eine Versuchung dargestellt hat.

Eigentlich ist es ganz einfach: So wie er an einen bestimmten Punkt seines Meditationsweges zurückgerutscht ist, in eine schon durchschrittene Ebene, so ist es auch bei Alara. Bei all seinem Wissen, seiner Einsicht, es gibt einen Punkt der Täuschung, den er nicht hat eliminieren können.

Siddhartas Zorn ist vergangen. In diesem Augenblick ist nur Mitleid in ihm und ein Gefühl der Hilflosigkeit. Morgen wird er aufbrechen.

20.
Die fünf Gefährten

Manches hat Siddharta gesehen und gehört.

Hunger gehabt.

Unter Hitze gelitten und Kälte.

Unter Einsamkeit und Verachtung.

So ein Weg kann lang werden. Und steinig ist er. Warum nicht umkehren? Ist es nur die Scham, eine Täuschung eingestehen zu müssen?

Er hat eine Gewißheit, die ihn antreibt.

Bei einem weiteren Meister ist er längere Zeit gewesen. Bei Uddaka. Wo Alara beim Erreichen des Zustandes vom Nichts innehielt, ging Uddaka noch einen Schritt weiter.

Er unterzog das Nichts wiederum einem Test, um herauszufinden, ob es noch substantiell sei. Danach unterwies er seine begabteren Schüler in einer letzten Phase der Meditation, die weder Wahrnehmung noch Nichtwahrnehmung ist.

Siddharta hat auch Uddaka verlassen ... enttäuscht, wie er von Alara davongegangen ist. Ja, man kann sagen, daß Uddakas Methode einen Schritt weiterführt, aber damit ist nur etwas Formales gewonnen, kein wirklicher Fortschritt. Langsam kommt er zu der Vorstellung, daß all diese Yogalehrer nur Dressurkünstler der Gedanken sind ... und daß das Bewußtsein ein Labyrinth ist, durch das die Schüler irren wie Ratten in sich ewig drehenden Käfigen.

All das vollzieht sich nicht rasch.

Sechs Jahre treibt er sich herum, treibt es ihn um. Sechs Jahre wie eine Ratte im Tretradkäfig.

Und wie nahe er manchmal der Verzweiflung ist, diese Zeit bringt ihn dennoch voran. Sie bestärkt ihn im Widerstand gegen die Versuchung, doch noch umzukehren. Vielleicht muß man viel härter sein ... seinen Körper vernichten.

Dieser Gedanke hat ihn anhalten lassen in einem Wäldchen am Zusammenfluß der beiden Flüsse Neranjara und Mohana.

Ein Wald, der im Sommer sein Laub abwirft und in der Regenzeit eine satte Begrünung zeigt. Fledermäuse und Fliegende Füchse hängen an den Ästen der Bäume. Braune und schwarze Affen turnen im Geäst.

Halbschatten.

Unheimlichkeit.

Die Bauern wagen den Wald nicht zu betreten, reden von Geistern, die dort hausen.

Auch Siddharta hat Schwierigkeiten, sich in dieser Umgebung zu behaupten:

„Schwer zu ertragen ist Wald-Einsamkeit, schwer ist es, am Alleinsein Freude zu finden ... Wenn ich mich in den Nächten an solchen erschreckenden und beängstigenden Plätzen aufhielt, und es streifte ein Tier vorbei, oder ein Pfau brach einen Zweig, oder der Wind raschelte im Laub, dann befiel mich Entsetzen und Angst."

Die Angst muß man vernichten. Es ist letztlich nur die Angst vor dem Tod. Also muß man den Körper vernichten. Die Zähne zusammenbeißen, die Zunge an den Gaumen anpressen.

Dann kommt es zu einem Schweißausbruch unter den Armen.

Dann möglichst lange den Atem anhalten.

Ekstasen.

Angeblich Zustände höherer Erkenntnis.

Der Preis ist Ohrensausen, Kopfschmerzen, Schmerzen im Bauch, Brennen im ganzen Körper.

Nun Selbsttorturen, da sonst nichts weiter hilft ...

Eine Wand ist da, gegen die man anrennt und die kein Mitleid kennt.

Der blutig geschlagene Schädel.

Ein Gefühl der Genugtuung, das ihn zugleich anwidert.

Nackt ist er ... Nimmt keine ihm mitgebrachte Nahrung an. Nur was er selbst erbettelt hat. Akzeptiert jeweils nur so viel, wie in einer hohlen Hand Platz hat. Macht nur alle sieben Tage einen Bettelgang. Verzichtet auf das Waschen. Wartet, bis der dickste Schmutz von selbst abfällt.

Flieht vor den Menschen: Viehhütern, Grasschneidern, Holzsuchern.

Von Dezember bis Januar liegen die Temperaturen knapp über dem Gefrierpunkt. Mai, Juni heißt Sonnenglut.

Nachts im dämpfigen Wald, tags unter brütender Hitze auf einem Leichenfeld, bespien von Hirtenjungen, die ihn auch mit Unrat bewerfen, ihn mit Grashalmen in den Ohren kitzeln. „Ein Prinz soll das sein ... ha!"

Mit der Zeit gesellen sich fünf weitere Samanas zu ihm, Männer aus seiner Heimat. Für ihn sind sie Schatten, und doch ist es eine Beruhigung, sie um sich zu wissen.

Keine Diskussionen.

Marter ohne Klage.

Peinigung.

Eine Absprache haben sie getroffen: Wer zuerst den Dharma verwirklicht, zur absoluten Erkenntnis gelangt, wird sie die anderen lehren. Doch wer könnte wagen, das, was er in Halluzinationen sieht, als die absolute Erkenntnis auszugeben?

Eine Selbstdarstellung Siddhartas aus dieser Zeit radikaler Askese lautet so:

Da ich jedesmal nur ganz wenig zu mir nahm, verfiel mein Körper extremer Magerkeit. Gleich dürren, welken Rohrknüppeln wurden meine Gliedmaßen, gleich einem Büffelhuf wurde mein Gesäß und wie eine Kugelkette mein Rückgrat mit herausstehenden und eingesunkenen Wirbeln. Wie an einem verfallenen Haus die Dachsparren freiliegen und sichtbar sind, so lagen meine Rippen frei, und wie in einem tiefen Brunnen der Wasserspiegel tief unten schimmert, so schimmerten in meinen Augenhöhlen meine Augensterne tief unten. Einem Bitterkürbis gleich, der, wenn angeschnitten, in der Sonne schnell dorrt und schrumpelt, so war meine Kopfhaut verdorrt und verschrumpelt. Wollte ich meine Bauchdecke fühlen, berührte ich mein Rückgrat ...

Es ist auch die Bewunderung der fünf anderen, die Siddharta immer weiter treibt.

Es ist wie eine Wette mit dem Nichts.

Es wird ihm gelingen, auch seinen Körper dem Nichts anzunähern, und wenn er dabei stirbt, so haben wenigstens die bewußten Qualen ein Ende.

Siddharta wird so schwach, daß er nicht mehr umherlaufen kann. Seine fünf Gefährten bringen ihm Wasser und waschen ihn. Nahrung lehnt er ab.

Eines Tages schleppt er sich aus dem Wald aufs offene Feld. Die gleißende Helligkeit dort zieht ihn an.

Er taumelt nur noch.

Er stürzt.

Stunden später findet ihn ein Schäferjunge. Nicht einer von denen, die hilflose Asketen quälen. Es gibt auch andere. Dieser rennt heim, meldet seinen Eltern, daß einer der Asketen gestorben ist.

Muß man nicht seine Leiche verbrennen?

Er ist ein heiliger Mann.

Die Leute eilen aufs Feld, stellen fest, daß Siddharta

noch am Leben ist. Sie bringen warme Milch, flößen sie ihm ein. Er kommt zu sich, gewinnt langsam auch wieder an Kräften. Die Schäferfamilie fährt damit fort, ihm Milch und Nahrung zu bringen.

Er ißt.

Langsam, bedächtig.

Mit einem merkwürdigen Lächeln auf seinem Gesicht.

Die fünf Gefährten schleichen näher, starren ihn an, wollen es nicht fassen.

Er ißt!

Hat er aufgegeben?

Sie sind zu betroffen, um eine Frage zu stellen. Kopfschüttelnd wenden sie sich wieder ab. Es ist fürchterlich: Siddharta, der Unermüdlichste, der Härteste, der am rücksichtslosesten unter ihnen nach Erlösung Strebende hat aufgegeben. Wenn er es nicht schafft – wer dann?

Später wird Siddharta erzählen:

Jene Asketen und Brahmanen, die hart gegen sich selbst gewesen sind, waren es bestimmt nicht in dem Ausmaß wie ich. Tatsächlich bin ich viel weiter gegangen als meine Freunde. Ich war am Rande des Todes. Aber ich fand dort kein übermenschliches Wissen, keine Einsicht, von der aus man dem Ziel der Erlösung vom Leiden näher wäre. Dies ist also auch nicht der Weg. Ich hatte die Spur verloren. Ich mußte umkehren und sie erneut wieder aufzunehmen versuchen.

Wieder einmal geht er fort. Was bleibt ihm anderes übrig?

Er kennt sich mit Menschen inzwischen gut genug aus, um zu wissen, daß die Enttäuschung über das heroische Vorbild bei seinen fünf Gefährten jetzt leicht in Aggressivität umschlagen könnte, die sich gegen ihn richten würde.

21.
Unter dem Baum

Siddharta geht nach Südwesten. Er kommt in ein Gebirge. Er hört von einem Asketen, der Kassapa heißt und mit seinen Schülern in Erdhütten lebt. Sie bringen Feueropfer dar.

Siddharta hat keine Lust, sich mit dem Mann in eine Diskussion über Praktiken einzulassen, die er für falsch hält.

Aber was weiß er?

Er ist völlig gescheitert.

Er weiß nur, daß radikales Fasten und das Martern des Körpers nichts bringen.

Er nähert sich einem Fluß. Auf einer kleinen Anhöhe in einer Aue steht ein Pipal-Baum (Ficus religiosa).

Er läßt sich nieder, vielleicht, weil ihn dieser Baum an den Glücksmoment erinnert, den er beim Fest des Pflügens erlebt hat. Er sitzt da, an den Stamm gelehnt und schaut in die Landschaft.

Langsam wird es Abend.

Es ist ihm, als werde er Teil der Dinge, die er sieht, als bestehe plötzlich keine Grenze mehr zwischen ihnen und ihm.

Es ist so ruhig und friedlich.

Den Stamm in seinem Rücken hat er zuerst als hart empfunden. Jetzt spürt er ihn nicht mehr und lehnt doch bequem dagegen.

Er hat keine Hoffnung mehr, keine Erwartung für die Zukunft.

Er will diesen Augenblick tief wahrnehmen. Er hofft nur

noch darauf, daß die Intensität für diesen Augenblick anhält. Er denkt nicht an den nächsten.

Die Dunkelheit wird dichter.

Sein Blick, der zwischen den Gegenständen der Landschaft spazierengegangen ist, verliert sich in der Dämmerung.

Er muß keine Anstrengung darauf verwenden, aus der Welt der Formen hinauszugelangen.

Die Formen vergehen, und das Vergehen nimmt sein Bewußtsein mit.

Es ist ein Zustand, für dessen Beschreibung die Worte versagen.

Später, als er sich dennoch genötigt sieht, ihn zu beschreiben, nennt er ihn:

gesammelt, geläutert,
makellos, der Verunreinigung ledig,
sanft, gefügig, fest und ohne Wanken.

Etwas geschieht.

Es hat etwas von den Stufen der Meditation bei Alara. Aber er weiß den Unterschied und vergißt ihn auch gleich wieder.

Das ist gut. Das verhindert den hemmenden Einfluß des Gegensätzlichen, in den man durch Vergleiche so leicht hineingerät.

Ich erinnerte mich an mancherlei Vorexistenzen, die ich durchlebt hatte, nämlich an ein früheres Leben, nein, nicht an eines, an zwei, drei, vier, fünf, zehn, zwanzig, dreißig, vierzig, fünfzig, hundert, tausend, hunderttausend Leben in den verschiedensten Epochen der Weltgeschichte. Ich begegnete mir selbst dort. Hörte, welchen Namen ich getragen hatte, welcher Kaste ich angehörte. Ich erfuhr, womit ich meinen Lebensunterhalt verdient hatte. Mir wurde klar, welches Glück und welches Leid mir zugestoßen war.

Ich sah mich sterben, am anderen Ort wiedergeboren werden, einen Namen erhalten, Glück und Leid überkamen mich.

Es ist dies der erste Schub der Erkenntnis, auf den ein zweiter folgt, bei dem sich ihm noch einmal ein weiteres Grundgesetz des Seins verdeutlicht.

Wird er zunächst an die Bedingungen der Wiedergeburt, an Vergänglichkeit und Leiden erinnert, so stellt sich nach diesem Einschnitt dann noch einmal nachdrücklich das ethische Grundgesetz des Lebens für ihn bildlich dar:

Mit dem himmlischen Auge, dem klaren, über menschliche Grenzen hinaus reichenden, sah ich, wie die Wesen vergehen und wieder erstehen, sah ich hohe und niedrige, glänzende und unscheinbare, wie ihnen je nach ihren Taten günstige oder schlechte Wiederverkörperungen zuteil geworden waren. Ich erkannte: Die Wesen, die von Körper, Rede und Denken schlechten Gebrauch machen, die erlangen nach dem Zerfall ihrer Körper, nach dem Tod schlechte Wiederverkörperung, sinken ab, verderben, geraten in die Hölle. Jene Wesen hingegen, die von Körper, Rede und Denken guten Gebrauch machen, die erlangen nach dem Zerfall ihres Körpers, nach dem Tod gute Wiedergeburt ...

Die Vision führt ihn im Morgengrauen zurück zu der Einsicht der Leidnatur allen Lebens und zu einer Grobskizze seiner gesamten Lehre:

Ich richtete meinen Geist auf die Erkenntnis der Vernichtung der Einflüsse und erkannte wirklichkeitsgetreu: „Dies ist das Leiden; dies seine Ursache; dies seine Aufhebung; dies der Weg zu seiner Aufhebung." Und indem ich dies erkannte und einsah, wurde mein Geist von den Einflüssen, der Lust, den Daseinsbegierden und der Unwissenheit befreit. Das Wissen ging mir auf: „Vernichtet ist für mich die Wiedergeburt, verwirklicht habe ich die Erkenntnis über das Leben, was zu tun war, ist getan, dieses von Leid behaftete Leben gibt es nicht mehr für mich."

Ein unerhörtes Gefühl der Erleichterung bricht sich Bahn, glorios, tröstlich und sicher wie das Licht des Morgens:

Gesichert ist meine Erlösung,
dies ist meine letzte Geburt,
ein Wiederentstehen gibt es nicht mehr!

Das große Problem, dem er sich in all den Jahren zuvor immer wieder angenähert hat, ist plötzlich gelöst. Der unerhört mühsame, Körper und Sinne zerschleißende Weg hat sein Ziel gefunden.

Er steht auf.

Er berührt mit den Handflächen den Stamm des Baumes, an dem er gelehnt hat.

Er geht zum Fluß und schwimmt.

Während sich seine Glieder lockern und das Wasser ihn trägt, denkt er daran, daß er den fünf Gefährten versprochen hat, ihnen zu berichten, wenn er der Erleuchtung teilhaftig geworden ist.

Für einen Augenblick ist da die Versuchung, sich mit der Erleuchtung für sich selbst zufriedenzugeben. Wie schwierig wird es sein, Worte für sein Erlebnis zu finden, mit ihnen einen Weg zu bezeichnen, auf dem jeder Mensch zur Erleuchtung gelangen kann, wenn er die Härte des Weges nicht scheut.

Und die anderen sollen es nicht so schwer haben wie er. Es ist eine Verpflichtung, ihnen zu helfen, ihnen einen Teil der Anstrengungen zu ersparen, ihnen zu zeigen, wo die Fallgruben sind, die Irrwege.

Er beschließt, diese Arbeit auf sich zu nehmen. Er wird zu seinen Gefährten zurückkehren. Er wird sie belehren.

Er kriecht an den Strand. Er setzt seinen Körper der Sonne aus, die ihn trocknet. Nach einer Weile springt er auf und geht zu dem Banyan-Baum, der nicht weit von dem Pipal-Baum steht.

In seinem Schatten denkt er über die Darstellung seiner Lehre nach.

Er sitzt ein paar Tage dort, sich immer wieder zu scharfer Konzentration zwingend, aber auch dem Bedürfnis nach Schlaf nachgebend, wenn es ihn überkommt. Wenn er erwacht, erfrischt ihn ein Bad im Fluß.

Einmal, während er schwimmt, sieht er, daß Frauen kommen und an dem Pipal-Baum Opferspeisen hinstellen.

Er bleibt im Wasser, bis die Frauen wieder gegangen sind.

Er könnte sich einbilden, jemand habe bewußt ihm diese Speisen zukommen lassen. Er ißt von ihnen. Er malt Zeichen in den Sand. Als die Zeichen sich zu einem Muster verbinden, prägt er sich dessen Linien ein. Dann wischt er die Zeichen wieder fort. Er weiß für jede Linie die Worte.

Nun kann er gehen, nach den Gefährten suchen, sein Versprechen einlösen und ihnen die Lehre verkünden, die der Erleuchtung entsprungen ist.

Er ist völlig davon überzeugt, daß sie seine Lehre annehmen werden, denn er weiß, er ist ein Erwachter, er ist ein Buddha geworden.

22.
Der Weg nach Isipatana

Kondanna, Bhaddiya, Vappa, Mahanama und Assaji lauten die Namen der fünf Gefährten, von denen Siddharta sich nach dem Abbruch der radikalen Askese getrennt hatte.

Er findet heraus, daß sie sich nun im Wildpark von Isipatana (wörtlich: Seherrast) in der Nähe der Stadt Benares aufhalten. Der Park ist um die zweihundert Kilometer vom Ort seines Erwachens entfernt.

Er legt die Strecke in vierzehn Tagen zurück. Am Morgen muß er für seinen Lebensunterhalt betteln. Über Mittag muß man zu dieser Jahreszeit wegen der großen Hitze rasten.

Unterwegs trifft Siddharta einen anderen Samana, der von Siddharta beeindruckt ist. Es geht jetzt, nach seiner Erleuchtung, eine Ruhe und Sicherheit von ihm aus, die sensible Menschen sofort wahrnehmen. Wie es üblich ist, fragt der andere Samana Siddharta, wer sein Lehrer sei und welche Lehren er von ihm empfangen habe.

Selbstbewußt erklärt Siddharta, er sei errettet durch die Vernichtung der Gier. Er habe keinen Lehrer, er sei selbst Lehrer.

Völlig überzeugt scheint der andere nicht. Er antwortet: „Möge es so sein", schüttelt den Kopf und macht sich davon.

Auch diese Episode klingt so, als könne sie sich tatsächlich zugetragen haben. Vielleicht wird sich Siddharta erst unterwegs ganz darüber klar, daß es nicht einfach sein wird, seine tiefe, schwer durchschaubare, schwer zu begreifende, sachgerechte, ausgezeichnete, bloßer Logik unzugängliche, feinsinnige, nur Gebildeten verständliche Lehre in Worte zu fassen, die für jedermann verständlich sind. Die Notwendigkeit, von der Erleuchtung und den damit verbundenen Erfahrungen zu anderen zu reden, aber auch über die Zweifel, ist in ein erfundenes Gespräch zwischen Buddha und dem aus sich selbst gewordenen Brahma eingegangen, das sich in den heiligen Texten des Buddhismus erhalten hat.

Der Buddha: Diese Welt ist Sinnesfreuden hingegeben, meine Lehre (Dharma) aber zielt auf das Aufgeben aller Anhaftungen und die Zerstörung der Gier. Wenn ich die Lehre, die gegen den Strom angeht, darlegte und die Leute mich nicht verstünden, so wäre dies für mich ermüdend und schmerzlich.

Brahma: Zugrunde geht die Welt, wenn sich der Vollkommen Erwachte nicht zur Verkündigung der Lehre entschließt. Möge der Erhabene deshalb die Lehre darlegen! Es gibt Wesen, deren Augen kaum mit Staub bedeckt sind; wenn sie die Lehre nicht hören, sind sie verloren. Wenn sie aber die Lehre vernehmen, werden sie zur Erlösung gelangen.

Die Begegnung mit den fünf Gefährten in Isipatana geht dann einigermaßen merkwürdig vonstatten.

Die fünf, als sie von Siddhartas Kommen hören, beschließen, ihn zunächst einmal zu ignorieren. Wenn er ihre Hütte betritt, so haben sie ausgemacht, werden sie ihn nicht begrüßen und ihm auch keinen Platz anbieten.

Aber dann kommt alles ganz anders:

Er betritt die Hütte. Sie nehmen ihm die Almosenschale und das Obergewand ab, waschen ihm die Füße und reden ihn mit Bruder an.

Er macht sogleich klar, was sich inzwischen verändert hat. Er erklärt: „Ich bin nicht euer Bruder. Bitte, nehmt zur Kenntnis, daß mir inzwischen die Erleuchtung zuteil geworden ist. Ich verfüge über das vollkommene Wissen. Noch am Leben, habe ich das Nirvana erreicht. Ich bin ein Heiliger, ein Arahat." Ihre Verärgerung durfte sich dadurch nur noch weiter gesteigert haben.

Er erinnert sie an sein Versprechen, ihnen davon zu berichten, wenn ihm die Erleuchtung zuteil geworden sei. Dieses Versprechen einzulösen, sei er hier. „Bitte, hört mich erst einmal an, ehe ihr euch ereifert!"

Was er ihnen gesagt hat, dürfte eine sich ziemlich lang hinziehende Erklärung und Belehrung gewesen sein. Viel später, nach langer mündlicher Überlieferung, wird es als Lehrrede (Sutta) aufgeschrieben und in die heiligen Schriften des Buddhismus aufgenommen.

Es ist gewissermaßen das Grunddokument seiner Lehre, dessen Katechismus. Aus ihm läßt sich alles andere entwickeln und ableiten. Es ist ein kurzer, scheinbar für jedermann verständlicher Text, aber begibt man sich suchend in ihn hinein, so wird er zum Labyrinth. In gewissem Sinne gleichen seine Worte und Sätze jenen winzigen Papierkugeln der Japaner, aus denen, wenn man sie ins Wasser wirft, die phantastischsten Pflanzen erwachsen.

Man nennt diesen Text Sutta vom Ingangsetzen des Rades der Lehre.

Dies, Mönche, ist die Edle Wahrheit vom Leiden (Duhkha): Geburt ist leidhaft, Alter ist leidhaft, Krankheit ist leidhaft, Tod ist leidhaft; Trauer, Jammer, Schmerz, Gram und Verzweiflung sind leidhaft; mit Unlieben vereint, von Lieben getrennt sein ist leidhaft; Begehrtes nicht erlangen ist leidhaft; kurz, die Fünf Aneignungsgruppen (Skandhas) sind leidhaft.

Dies, Mönche, ist die Edle Wahrheit von der Leidensentstehung. Es ist die Wiedergeburt bewirkende, wohlgefällige, mit Leidenschaft verbundene Gier (Tanha), die hier und dort Gefallen findet, nämlich: die Gier nach Lust, die Gier nach Werden, die Gier nach Vernichtung.

Dies, Mönche, ist die Edle Wahrheit von der Aufhebung des Leidens: die restlose Aufhebung, Vernichtung, Aufgabe, Verwerfung, das Freigeben und Ablegen eben dieser Gier.

Dies, Mönche, ist die Edle Wahrheit von dem zur Leidensaufhebung führenden Wege, es ist dieser Achtfache Weg, nämlich
Rechte Ansicht
Rechter Entschluß
Rechte Rede
Rechtes Verhalten
Rechter Lebensunterhalt
Rechte Anstrengung
Rechte Achtsamkeit
Rechte Meditation.

Bei der Unterweisung begreift angeblich Kondanna als erster die Lehre des Buddha. Er wird der erste Mönch (Bhikkhu = wörtlich: Bettler) eines nun gegründeten, bis heute fortbestehenden Ordens.

In den folgenden Wochen erfassen von den übrigen zunächst Vappa und Bhaddiya die Lehre.

Nach ihrer Ordinierung übernehmen sie für einige Zeit das Almosensammeln, und nun gibt der Buddha Mahanama und Assaji gewissermaßen Nachhilfeunterricht, bis auch sie mit der Bestärkung:

„Mönch, gut erklärt ist die Lehre, führe ein Leben in Reinheit, um des Leidens Ende zu verwirklichen"

in den Orden aufgenommen werden.

Für Buddhisten ist diese Belehrung und Ordensgründung Anlaß zu einem Fest, das jeweils bei Vollmond Ende Juni oder Anfang Juli sechsundfünfzig Tage nach Siddhartas Erleuchtung gefeiert wird.

Man kann davon ausgehen – und der lange Zeitraum zwischen dem angenommenen Zeitpunkt der Erleuchtung und der Ordensgründung ist ein starkes Indiz –, daß der oben wiedergegebene Text die Quintessenz dessen darstellt, was Siddharta seine ersten fünf Mönchen lehrte.

Man könnte diesen Text als ein Stenogramm, als ein Inhaltsprotokoll ansehen. Um auch nur eine annähernde Vorstellung von seinem Sinngehalt zu bekommen, muß man, nicht zuletzt wegen der Bedeutungsunterschiede bestimmter Begriffe im abendländischen und indischen Kulturkreis, weiter ausholen. Bewußt gebe ich dazu die bisher gewählte Sichtweise einer Erzählung, in der Siddharta die vorgestellte Hauptperson ist, auf.

Ich versuche nun eine Erklärung seiner Lehre, wie sie sich aus der Sicht eines Europäers darstellt. Ich versuche, eine Sprache und Vorstellungswelt räumlicher und zeitlicher Ferne in unsere Nähe zu rücken …

23.
Der Erste Satz der Lehre: Alles ist Leiden

Wir gehen bei der Erklärung der Lehre des Buddha von seiner Vorstellung vom Menschen aus, von seinem Menschenbild.

Wer das Leid überwinden will, muß zunächst wissen, wie es dem Menschen geschieht, wie es ihm zustößt, welches die Voraussetzungen dafür sind, daß der Mensch leidet.

Dazu ist nötig, den äußeren und inneren Menschen, seine Persönlichkeit, zu beschreiben.

Der Mensch setzt sich nach der Lehre des Buddha aus fünf Daseinsfaktoren zusammen. Diese werden auch „Aneignungsgruppen" genannt. Diese Bezeichnung rührt daher, daß sich mit ihrer Hilfe der Mensch das, was ihn ausmacht, aus seiner Umwelt aneignet.

Während die meisten im abendländischen Kulturbereich entwickelten Vorstellungen von einer Zweiteilung des Menschen in Körper (Physis) und Seele (Psyche) ausgehen, konstruiert der Buddha ein etwas anderes Bild:

Da ist zunächst einmal auch der Körper des Menschen (Rupa = erste Aneignungsgruppe). Der Körper setzt sich nach buddhistischer Vorstellung aus Wasser, Erde, Feuer und Luft zusammen, eine Sichtweise, die auch in der griechischen Antike üblich war.

Der seelische Bereich, in der westlichen Kultur mit Worten wie Sinne, Gemüt oder Geist bezeichnet, bildet im Buddhismus die restlichen vier Aneignungsgruppen.

Um uns gibt es Dinge. Nehmen wir eines davon: die Sonne. Die Sonne schickt Strahlen aus.

Diese treffen auf unsere Haut. Sie üben dort einen Reiz aus.

Diesen Vorgang allein nennt man Vedana (Empfindung = zweite Aneignungsgruppe).

Der Reiz wird als etwas Warmes, nicht als etwas Kaltes erkannt oder wahrgenommen.

Dieses Geschehen nennt der Buddhist Sanna (Wahrnehmung = dritte Aneignungsgruppe).

Es entsteht eine Vorstellung über die Herkunft und Qualität der Wärme. Es ist Sonnenwärme, nicht Ofenwärme oder die Wärme eines Steppenbrandes. Ich bestimme mein Verhältnis zu der Wärme. Sie ist mir angenehm oder unangenehm. Dieser Vorgang heißt Sankhara (Vorstellung = vierte Wahrnehmungsgruppe).

Was zunächst Reiz (Vedana) und Verbindung des Reizes mit einer Eigenschaft (Sanna) gewesen ist, hat in Sankhara endlich die innere Gestalt des äußeren Gegenstandes gewonnen.

Das Bewußtsein (Vinnana), die fünfte und letzte Aneignungsgruppe, hat man sich als die Sammelstelle, als das Archiv aller Sinneseindrücke und Gedanken vorzustellen.

Damit ist die „Maschinerie", in der die Aneignung von Gefühlen, Empfindungen, von Sinneseindrücken, die Ausprägung von Gedanken stattfindet, beschrieben. Von Maschinerie spricht man, um den mechanisch ablaufenden, zunächst gar nicht dem Willen des Menschen unterliegenden Ablauf dieser Vorgänge zu kennzeichnen.

Alle fünf Aneignungsgruppen sind als Bestandteil des menschlichen Körpers vergänglich.

Die vier Aneignungsgruppen, die man als die seelischen bezeichnet, spiegeln aber auch im lebendigen Körper stets Vergängliches wider. Somit kann man sagen: Alle fünf Aneignungsgruppen sind dem Prinzip der Vergänglichkeit unterworfen.

Weil alles Vergängliche Leid hervorruft, sich als leidbehaftet erweist, ist das Ideal des Buddhisten ein Bewußtsein, in dem völlige Leere herrscht, in dem die Leiden hervorrufenden Funktionen der Sinneswahrnehmung aufgehoben sind. Die Schwierigkeiten, sich einen solchen Zustand vorzustellen, sind für jemanden, der das ganze System nicht mit konzentriertem Nachdenken durchmessen hat, beträchtlich.

Man könnte fragen: Wenn es – wie auch immer – gelingt, die fünf Aneignungsgruppen auszuschalten, womit nimmt man dann den erstrebenswerten Zustand des Nichtseins überhaupt noch wahr?

Ein Buddhist würde darauf wahrscheinlich antworten: Du denkst immer noch in Gegensatzpaaren: dunkel-hell, voll-leer. Es kommt aber gerade darauf an, solche Gegensätze aufzuheben.

Außerdem: Leeres Bewußtsein heißt eben nicht, daß gar kein Bewußtsein mehr besteht, sondern daß das Bewußtsein eins wird mit der Leere.

Man könnte also zunächst einmal zusammenfassend sagen: Die Antwort, die Buddha auf die Vergänglichkeit und Leidhaftigkeit von allem und jedem gefunden hat, ist ein Bewußtsein, in dem weder Lust noch Unlust vorhanden sind. Dieses beruhigte Bewußtsein ist Leere von Nichtsein, ist ein Zustand, der jenseits des mit Worten Beschreibbaren liegt.

24.
Der Zweite Satz der Lehre: Die Entstehung des Leidens und die Ursachen der Wiedergeburt

Es kann und wird dem Buddha nicht entgangen sein, daß mit einem Bild vom äußeren und inneren Menschen und der Maschinerie der Sinneswahrnehmungen das Problem der Leidensentstehung noch nicht vollständig geklärt ist. So kommt er dazu, dies noch einmal, mit einem neuen Ansatz des Nachdenkens, zu untersuchen.

Der Mensch beginnt mit der Geburt.

Falsch, ließe sich einwenden, er beginnt mit seiner Zeugung.

Der Buddha fragt nun, ob die Zeugung ihrerseits von etwas abhängig ist.

So stößt er auf den Begriff des Werdens (Bhava).

Immer wieder und überall *w i r d* etwas. Ohne diesen Antrieb zu werden gäbe es nichts, was die Sinne wahrnehmen könnten, und es entstünden keine Bewußtseinsinhalte. Ohne diesen Drang zum Werden käme es zu keiner Zeugung, zu keinen Menschen, Tieren, Pflanzen.

Das erste Glied in der Kette der Zusammenhänge ist also nicht die Geburt, sondern das Werden.

Was aber kann nun als Grund dafür angesehen werden, daß der Mensch gemeinhin nicht nein sagt zum Werden, sondern dieses Werden mit aufrechterhält und weiter treibt?

Zur Vorklärung dieser Frage schildert Georg Grimm, ein bedeutender Interpret des Buddhismus in Europa, eine alltägliche Begebenheit einschließlich der Folgen, die sie auslöst.

„Ich gehe auf der Straße. Eine Mädchengestalt taucht vor mir auf. Ich hafte (mit dem Blick) an ihr. Als Folge davon denke ich mir in Gedanken aus, wie ich mich ihr nähern könnte. Pläne werden geschmiedet. Sie werden (später vielleicht) äußerlich verwirklicht. Es folgt die Liebeserklärung, die Heirat; Kinder werden gezeugt; kurz, jene ganze Kette von glücklichen und unglücklichen Ereignissen, wie sie ein Familienleben mit sich bringen kann, läuft ab – alles bedingt und ausgelöst durch den einzigen Umstand, daß ich (mit meinem Blick) vor Jahren an jener Mädchengestalt auf der Straße gehaftet habe."

Hier wird also das Werden als Ursache, aber auch als Vorgang, als Ablauf konkret vorgeführt.

Und fragt man nach der Ursache für das Werden, so stößt man auf seinen Bezug zum Anhaften.

In einem Lehrgespräch läßt Buddha seinen Schüler Ananda sich vorstellen, das Anhaften des Menschen an Sinneswahrnehmungen, Ansichten, Gebräuche, Gedanken, an seinen Egoismus höre auf ... was dann?

Das Werden würde nicht mehr in Gang kommen, nicht mehr ablaufen.

Somit, erklärt Buddha im Schlußsatz, ist Ursprung und Ursache für das Werden das Anhaften.

Langsam wird nun auch die Strategie klar, die hier eingeschlagen wird. Abläufe werden untersucht, die mit der Entstehung des Leids etwas zu tun haben. Die Absicht ist es, in einer Kette von Ursachen bis zu deren Anfang zurückzutasten.

Es geht um die letzte Ursache für die Entstehung von Leid.

Ist sie gefunden, ist dieser Punkt aufgespürt, so wüßte

man, wo man endgültig ansetzen muß, um das Leiden aufzuheben, ihm ein Ende zu machen.

Das Anhaften führt der Buddha seinerseits wiederum auf eine Ursache zurück. Er nennt sie „Tanha“ oder den Durst.

Darunter ist zu verstehen:

„Jegliches Verlangen oder Begehren nach irgend etwas in der Welt ... angefangen vom leisesten Begehren, das in uns aufsteigt, bis zum eingewurzelten, scheinbar unausrottbaren Trieb.“

Hören wir zur konkreten Verdeutlichung noch einmal Georg Grimm:

„Habe ich kein Verlangen nach der Speise, keinen Durst nach dem Getränk, die mich krank machen können, so hafte ich auch nicht an ihnen, ergreife sie nicht und vermeide eben dadurch das Krank-Werden. Und habe ich endlich auch nicht das geringste Verlangen nach meinem Körper und damit auch keinerlei Wunsch mehr, ihn zu erhalten, bin ich dabei noch frei von jedem Verlangen, den sich meldenden Hunger und Durst zu stillen, kurz: habe ich überhaupt kein Verlangen irgendwelcher Art mehr, dann hafte ich auch an nichts mehr und kann gleichmütig zusehen, wie dieser mein Körper mangels Zuführung der nötigen Nahrung sich auflöst und verfällt, bis er schließlich samt den Sinnesorganen ganz zugrunde geht. Ich kann mithin in unmittelbarer Anschauung an mir selbst feststellen, wie alles Werden für mich nach und nach zur Ruhe kommt.“

Leid beziehungsweise seine Ursache, das Werden, kann also überwunden werden, indem man sein körperliches und sinnliches Verlangen, das Ankleben an den anderen Menschen und an Dinge überwindet oder ausschaltet.

Nach Kenntnis dieser Voraussetzungen muß nun der Begriff des Karma geklärt werden.

Karma, *Karman* (in Pali) und *Kamma* (in Sanskrit) leitet sich her von *kri*, d. h. tun, machen. Materiell betrachtet ist Karma das Gesetz von Ursache und Wirkung; spirituell aber besagt es: Wer eine Handlung verursacht, erleidet deren Auswirkung. Man könnte auch vom „Gesetz der Erhaltung moralischer Energie" sprechen.

Ernest Woods in seinem „Zen Dictionary" gibt die folgende, für eine Vorstellung von diesem zentralen, recht komplexen und häufig völlig falsch interpretierten Begriff hilfreiche Definition:

„Die von Buddha und den Hindu-Schriften gelehrte Doktrin, daß alles, was du anderen antust, in Zukunft Auswirkungen auf deine Wiedergeburten haben wird. Dies gilt sowohl für Aktivitäten von Körper und Bewußtsein sowie für Handlungen in Wort und Tat. Dies ist gültig für den Zusammenhang von Vergangenheit und Gegenwart wie auch von Gegenwart und Zukunft, so daß also jeder Mensch mit einem Charakter, Fähigkeiten, einem Temperament und Tendenzen geboren wird, die von der Art und Weise abhängig sind, in denen er von diesen Qualitäten in seinen früheren Leben Gebrauch gemacht hat. Das betrifft die Art seiner Körperlichkeit, Familie, Reichtum oder Armut etc., die er mitbekommt bzw. in der er geboren wird. Was er unter diesen Voraussetzungen aus sich macht, hängt von ihm selbst ab: von seinem Charakter, seiner Willenskraft, seinem Durchhaltevermögen, seinen Vorlieben und seiner Liebe, seiner Fähigkeit zu denken."

Auf den Sinn von Karma beziehen sich die folgenden Sätze:

„Die einzige Bestimmung, die im Karma obwaltet, ist absolute Harmonie in der Welt der Materie und in der Welt des Geistes. Deshalb gibt es kein Karma, das belohnt oder bestraft, sondern wir selbst sind es, die uns belohnen oder bestrafen, je nachdem, ob wir uns in Übereinstimmung mit den Gesetzen der Harmonie verhalten oder gegen sie verstoßen."

Je nachdrücklicher wir durch unser Handeln besagte Harmonie aus dem Gleichgewicht bringen, desto nachdrücklicher wird die Reaktion sein, die auf uns zurückschlägt.

Das drückt sich auch in den Sätzen aus:

„Leben wird, was man tut."

Und:

„Der Mensch wird durch seine Sünden bestraft, nicht wegen ihnen."

In Zusammenhang mit dem Karma steht der Begriff der Wiedergeburt. Auch hier zur Orientierung erst eine Definition. Der Buddhismus versteht unter Wiedergeburt den Glauben, daß alle lebenden Wesen, einschließlich des Menschen, eine ganze Anzahl von Leben durchlaufen, ein Kreislauf, der erst zu einem Ende gelangt, wenn er nicht mehr sein Glück mit Dingen dieser Welt verknüpft, er also seine Buddha-Natur entdeckt. Wir wissen, daß der Buddha den Glauben an die Wiedergeburt nicht erfunden hat. Er war schon vorhanden, als er seine Lehre entwickelte.

Warum er ihn übernommen hat, ist schwer zu beurteilen. Wir sind da auf Vermutungen angewiesen.

Man könnte annehmen: Der Glaube an die Wiedergeburt sei zu Zeiten des Buddha so stark und tief verwurzelt gewesen, daß er ihn nicht einfach widerlegen, ablehnen oder beiseite schieben konnte. Auch für einen Menschen, der dazu neigt, Bestehendes in Frage zu stellen, gibt es Traditionen, die anzutasten ihm nicht einfällt.

Die brahmanischen Opfervorstellungen hat der Buddha abgelehnt. Die Lehre von der Wiedergeburt aber hat er nie kritisiert. Er hat vielmehr einen Einklang zwischen der eigenen Lehre und dem Glauben an die Wiedergeburt herzustellen versucht.

Völlig ist die Harmonisierung des überkommenen Glaubens mit der eigenen Lehre nicht gelungen, wie wir gleich sehen werden.

Schildern wir zunächst, welche Bedeutung Anhaften und Durst im Hinblick auf die Wiedergeburt haben.

Entscheidend ist die im Menschen vorhandene Energiemenge an Begierde. Ist diese nicht bis zum Tod durch eine bewußte Anstrengung des Menschen aufgehoben, so überdauert sie den Tod des Körpers. Sie wird frei, läßt sich in einem anderen Körper nieder, in der Körperhülle eines Wesens, das eben dann gezeugt wird, wenn der andere stirbt.

In welchen Körper die freien Energien der Begierde dabei eingehen, hängt nun wiederum von der Art der Lebensführung des Gestorbenen ab, von der Anzahl der heilsamen oder unheilsamen Taten, die er begangen hat, von seinem Karma.

Und hier könnte ein Grund dafür liegen, weshalb der Buddha auf die Wiedergeburts-Lehre nicht verzichten konnte. Die Wiedergeburts-Vorstellung bricht ohne ihre Verbindung mit den guten und schlechten Taten des Wiedergeborenen in sich zusammen. Ohne höhere oder niedere Wiedergeburt gibt es keinen Anreiz, in dem jeweiligen Leben sich gut zu verhalten.

Gut sollte man eigentlich freiwillig und ohne Belohnung sein. Um das zu erwarten oder zu verlangen, war der Buddha sicher ein zu großer Menschenkenner. Buddhistische Ethik strebt ein absichtsloses Tun des Guten zwar an, wie wir bei der Betrachtung des Achtfachen Weges sehen werden, andererseits aber erkannte der Buddha, daß Menschen ohne Eigennutz und Belohnung das Gute nicht tun werden.

Für einen westlichen Menschen nimmt sich die Vorstellung der beim Tod freigesetzten Energien, die sich vom

Sterbenden in den Lebenskeim eines eben gezeugten Wesens einsenken, fremdartig aus.

Aber könnte ein Buddhist das in bezug auf die Zeugung eines Gottessohnes durch den Heiligen Geist nicht auch sagen?

Daß auch die indisch-asiatische Nachwelt des Buddha mit solchen Konstruktionen ihre Schwierigkeiten hatte, geht aus nachfolgender Legende hervor. Wenn in ihr der Begriff Brahma-Welt auftaucht, ist damit der von Göttern bevölkerte Himmel der Brahmanen gemeint. Es ist typisch, wie sich in dieser Geschichte aus einer späteren Zeit buddhistische und brahmanische Vorstellungen vermischen. An so etwas nahm später in Indien niemand Anstoß. Sogar in Nepal, der Heimat des Buddha, findet man heute in Tempeln Buddhas und hinduistische Gottheiten nebeneinander.

Die Geschichte zeigt auch, welches Maß an psychologisch-philosophischem Scharfsinn der Buddhismus früh zu entwickeln imstande war.

Der König sprach: „Meister Nagasena, wenn jemand hier stirbt und darauf in der Brahma-Welt wiedergeboren wird, und ein anderer, der hier stirbt, in Kaschmir wiedergeboren wird – welcher von den beiden würde zuerst ankommen?"

„Gleichzeitig würden sie ankommen, Großkönig."

„Gib mir ein Gleichnis."

„In welcher Stadt bist du geboren, Großkönig?"

„In einem Dorf namens Kalasi bin ich geboren, Meister."

„Wie weit, Großkönig, ist Kalasi von hier?"

„Zwölf Meilen, Meister."

„Und jetzt denk einmal an Kaschmir, Großkönig.

„Es ist geschehen, Meister."

„Woran, Großkönig, hast du am langsamsten und woran schneller gedacht?"

„Gleich schnell an beide, Meister."

„Geradeso, Großkönig, wird der, welcher hier stirbt und in der Brahma-Welt wiedergeboren wird, nicht später wiedergeboren als der, welcher hier stirbt und in Kaschmir wiedergeboren wird."

Der Vorgang der Wiedergeburt vollzieht sich, auch das drückt die Geschichte aus, jenseits der Kategorien von Raum und Zeit.

Andererseits setzt sich mit der vollzogenen Wiedergeburt aufs neue Werden in Gang. Werden ist mit Vergehen nicht zufällig in dem Wortpaar „Werden und Vergehen" sprichwörtlich verbunden.

Wenn das an Vergänglichkeit geknüpfte Leiden überwunden werden soll, muß also das Perpetuum mobile der Wiedergeburt aufhören. Es muß angehalten werden. Voraussetzung dazu ist – wir haben es schon gehört –, daß es dem Menschen gelingt, das Anhaften an den Dingen und den Durst – wir könnten auch sagen: die Gier nach Lust – zu überwinden.

Wie das praktisch geschehen kann und welcher Zustand der Vergänglichkeit und des Leidens den Menschen erwartet, davon handelt in Form einer Ethik – das Wort bedeutet: Anweisung zum richtigen Leben – der Dritte Satz der Lehre des Buddha.

25.
Der Dritte und Vierte Satz der Lehre: Das Heilsziel – Leidensaufhebung und der Achtfache Weg

Wenn man jemanden veranlassen will, etwas zu tun, sich in einer bestimmten Weise zu verhalten, so wird es psychologisch geschickt sein, ihm zunächst zu verdeutlichen, zu welchem Zweck, auf welches Ziel hin ein bestimmtes Tun und Handeln von ihm verlangt werden. Man nennt das: ihn motivieren.

Deshalb beschreibt der Dritte Satz in der Lehre des Buddha erst das Ziel, während der Vierte Satz angibt, auf welchem Weg sich das Ziel erreichen läßt.

Dieser Zielpunkt ist schon bei der Beschreibung des Menschenbildes im Ersten Satz der Lehre aufgetaucht.

Von einem leeren Bewußtsein ist da die Rede gewesen, von einem Zustand, bei dem sich das Denken nicht mehr in Gegensätzen bewegt, vom Verschwinden der Gier, von einer Beruhigung, die eben dadurch eintritt, daß der betreffende Mensch nicht mehr anhaftet, keinen Durst mehr empfindet.

Genau dies ist gemeint, wenn der Buddha von Nibbana (bekannter und im Westen gebräuchlicher ist die Sanskritform „Nirvana") als Kern des heiligen Lebens, als Zweck und Ziel der Lehre spricht.

Der Zustand des Nirvana, der der Erleuchtung gleichkommt, kann lebend erreicht werden. Geschieht dies, dann wird die betreffende Person zum Arahat, zum Heiligen, zu jemandem, bei dem all jene Eigenschaften, die eine Wiedergeburt verursachen, aufgehoben sind.

Johannes Lehmann schreibt in seiner Buddha-Biographie:

„Der Zustand eines Arahat ist daher der Gleichmut. Er muß zwar noch essen, trinken und schlafen, aber alles, was er tut, geschieht ohne Gier, ohne Hast und ohne Verblendung. Er ist vollkommen von der Welt gelöst, obwohl er noch in ihr lebt. Wenn er handelt, handelt er ohne bestimmtes Wollen. Er hat nicht mehr die Absicht, gute Taten zu sammeln, er tut sie einfach. Deswegen lösen seine Taten auch keine Ursachenkette aus. Seine Güte, sein Mitleid sind zweckfrei."

Schon aus dieser Beschreibung läßt sich entnehmen, daß hier etwas nahezu Unmenschliches verlangt wird, daß dieser Zustand nur von sehr wenigen Menschen erreicht werden kann. Dies aber sollte die Menschen nicht daran hindern, es dennoch zu versuchen. Wer Mönch oder Laienbekenner wird, der macht sich die Leidüberwindung durch Erleuchtung zur Lebensaufgabe.

Um den sehr breiten Graben zwischen dem Alltag und dem Zustand der Erleuchtung zu überbrücken, hat der Buddha eine Reihe von Regeln und Anweisungen entwickelt. Wichtig ist, daß es sich nicht um Gebote, sondern um Vorschläge für heilsame Verhaltensweisen handelt. Und noch etwas ist in diesem Zusammenhang zu beachten: Selbst wenn der Betreffende nicht bis zur Erleuchtung gelangt: Wenn er diesen Anweisungen folgt, nach diesen Regeln lebt, verbessert er durch die mit ihnen geübte ethische Selbstkontrolle seine Existenzform für die nächste Wiedergeburt.

Diese Regeln werden „Der Achtfache Weg" genannt, weil sie in acht Bereiche untergliedert sind, in:

die Rechte Erkenntnis, d.h. Erkenntnis der Vier Edlen Wahrheiten;

den Rechten Entschluß, d. h. Entschluß zu Entsagung, Wohlwollen und Nichtschädigung;

die Rechte Rede, d. h. Vermeidung von Lüge, Nachrede, Geschwätz;

das Rechte Verhalten, d. h. Vermeiden von Handlungen, die gegen die Sittlichkeit verstoßen;

den Rechten Lebensunterhalt, d. h. Vermeiden eines andere Wesen schädigenden Berufes;

die Rechte Anstrengung, d. h. Förderung des karmatisch Heilsamen, Meiden des Unheilsamen;

die Rechte Achtsamkeit, d. h. beständige Achtsamkeit auf Körper, Gefühle, Denken;

die Rechte Sammlung, d. h. Sammlung des Geistes in den Vier Versenkungen, was bedeutet: das Denken muß zum Schweigen gebracht werden, damit das absolute Bewußtsein von jeder Überdeckung frei wird.

Solche Begriffsfelder haben immer mehrere Bedeutungsebenen. So könnte man den Weg Siddhartas zur Erleuchtung beziehungsweise die entscheidenden Augenblicke seines Lebens jeweils einem der Acht Bereiche zuordnen. Alle Gespräche und Diskussionen mit den Freunden könnte man als Weg zur Rechten Ansicht auffassen. Der Rechte Lebensunterhalt im Zusammenhang mit dem Rechten Verhalten entspricht in unserer Geschichte der Episode mit den Musikanten und Künstlern während der Ehe Siddhartas. Der Rechte Entschluß bildet sich bei Siddharta in den Erfahrungen mit dem Tanzmädchen, mit seiner Frau, in den Erlebnissen mit dem sterbenden Priester und der Frau, auf die das Schicksal alles Unglück der Welt gehäuft zu haben scheint.

Wie Rechte Achtsamkeit, Rechte Anstrengung und Rechte Meditation aussehen, erfährt man konkret, wenn von Siddhartas Erfahrungen bei den verschiedenen Yoga-Lehrern erzählt wird. Er lernt auch, daß Rechte Anstrengung auf dem Weg zur Erleuchtung eben nicht in radikaler Askese besteht.

Insofern ist das Leben Siddhartas beziehungsweise Buddhas der beste Anschauungsunterricht dessen, was mit dem Achtfachen Weg gemeint ist. Andererseits hat Buddha selbst zum Achtfachen Weg auf seinen Predigtreisen Erklärungen gegeben:

Die Rechte Erkenntnis bedeutet die Überzeugung, daß alles Leben leidvoll sei, daß die Leiden aufgehoben werden können.

Es fällt schwer, davon auszugehen und zu akzeptieren, daß alles leidvoll ist. Es tun sich Widerstände in einem selbst dagegen auf. Deshalb muß dies im Zusammenhang mit der Rechten Erkenntnis noch einmal festgestellt werden. Die Leidhaftigkeit von allem ist zwar etwas Negatives, aber zugleich auch etwas Positives, nämlich als Ausgangspunkt für die Erleuchtung und Leidüberwindung.

Der Rechte Entschluß bedeutet die Entscheidung, sich von einem durch Genußsucht und Gier bestimmten Leben abzuwenden. Er bedeutet aber auch die Achtung gegenüber allen anderen Lebewesen, die Absicht zur Nicht-Schädigung.

Wenn man erkannt hat, daß alles leidvoll ist, müßte eine Konsequenz daraus sein, durch individuelle Vorsicht und durch die Haltung der Nicht-Schädigung zur Ausbreitung und Vermehrung des Leidens nicht länger mit beizutragen.

Die Rechte Rede: An dieser Regel soll einmal gezeigt werden, daß sich alle Angaben des Achtfachen Weges mehr oder minder rigoros betrachten, interpretieren und anwenden lassen.

Eine ganz strenge Auslegung lautet:

Trefft ihr euch, so gehört sich zweierlei: ein Gespräch über die Lehre oder edles Schweigen.

Etwas leichter zu erfüllen, auf den Alltag und den noch dem Nirvana fernen Durchschnittsmenschen bezogen, ist die Auslegung, man solle nicht lügen, klatschen oder jemanden verleumden.

Verschärft man diese einfachste Anweisung, so lautet eine andere Auslegung: Nur über Gegenstände sollte man reden, deren gute Eigenschaften zunehmen und deren schlechte Eigenschaften schwinden.

Nach buddhistischer Ansicht sind folgende Themen und Stichwörter für jemanden, der die Auflösung der Leiden oder ein günstiges Karma anstrebt, allemal unheilvoll:

Könige, Gauner, Minister, Kriegsheere, Gefahren, Krieg, Frauen, Helden und Spitzfindigkeiten wie die Entstehung der Welt und des Meeres.

Wenn der Buddhismus in diesem Zusammenhang lehrt, es sei besser, nicht über alles zu reden, was man gesehen, gehört, empfunden und erkannt hat, so ist das eine praktische Lebensregel für den Alltag, die einen vor Leid bewahrt. Eine solche Empfehlung wird aber auch im Hinblick auf das Ziel der Erleuchtung gegeben. Denn: Wer über alles redet, was er gehört, gesehen, empfunden und erkannt hat, belebt damit die Abläufe der sinnlichen Wahrnehmung, verstärkt so das Anhaften.

Das Rechte Verhalten kommt – eng gefaßt – den jüdisch-christlichen Geboten „du sollst nicht töten" und „du sollst nicht stehlen" nahe. Es schließt aber auch den rechten Umgang mit der Sexualität und überhaupt mit sinnlichen Genüssen mit ein. Die Ausführungsbestimmungen sind hier für Mönche und Novizen strenger als für Laienbekenner. Bezeichnend für den Buddhismus ist, daß die Liste von Geboten angeführt wird durch die Aufforderung, man habe sich jeglicher Zerstörung von Lebendigem zu enthalten.

Der Rechte Lebensunterhalt bedeutet, daß man sich

seine Berufswahl und die Ausübung des Berufes reiflich überlegen soll. Ein gläubiger Buddhist kann keine Art des Geldverdienens akzeptieren, bei der andere Menschen geschädigt oder gequält werden. Herrschaft des Menschen über den Menschen ist im Sinn dieser Regel für einen Buddhisten ebenfalls nicht zu akzeptieren.

Die Rechte Anstrengung ist in ihrer vom Buddha selbst dargestellten Urform eine Art geistig-seelische Hygiene. Unheilsame Regungen sollen an ihrem Entstehen gehindert, heilsame gefördert werden.

Freilich fällt unter die Rechte Anstrengung auch die Art und Weise, wie man sich der Erlösung nähert. Dabei wendet sich der Buddha aus eigener Erfahrung gegen jegliche Radikalität.

Die Rechte Achtsamkeit erläutert die Möglichkeiten, wie geistige Klarheit und Beherrschung der Sinneseindrücke erlangt werden können.

Die Rechte Sammlung beschreibt die vier Stufen der Versenkung, die Siddharta selbst auch durchschritten hat, ehe er der Erleuchtung teilhaftig wurde. Wenn Hans Wolfgang Schumann als allgemeine Beschreibung dieses letzten der Acht Wege angibt:

„Zweck dieser Versenkung ist es, den Meditanden von der Welt wegzuwenden, ihm das Erlebnis der inneren Stille zu vermitteln und seinen Geist für höhere Einsichten zu präparieren",

so schließt dies eigentlich die Rechte Achtsamkeit mit ein, während die Betonung bei der Rechten Meditation mehr auf der Unterscheidung zwischen richtigen und falschen Techniken liegt. Hier werden Stile der Meditation dargestellt. Hier ist der Ansatzpunkt, von dem aus später sich ganz unterschiedliche Wege der Meditation zur Erleuchtung ergeben.

Die Anweisungen des Achtfachen Weges überschneiden und beeinflussen sich gegenseitig.

Wenn zum Beispiel mit Rechter Achtsamkeit Anweisungen gegeben werden, wie man den Durst und das Anhaften möglichst weitgehend aufgeben kann oder – anders ausgedrückt – die Sinnestätigkeiten besser unter Kontrolle bringt, so hat das auch seine Auswirkungen im Bereich des Rechten Verhaltens und bei der Beachtung der dort gestellten Anweisung zu „grenzenlosem Mitleid". Durch die Kontrolle der Sinne ändert sich nämlich auch die Art, wie Mitleid empfunden wird.

Dazu der Kommentar von Johannes Lehmann:

„Die Barmherzigkeit eines Buddhisten ist nicht mehr abhängig vom mitleiderregenden Aussehen eines Krüppels, während er Normalaussehende vergißt. Seine Barmherzigkeit gilt jetzt allen Lebewesen. Im wahrsten Sinn des Wortes handelt ein Buddhist ‚selbstlos', denn sein Handeln geschieht ohne Emotion, geradezu unbeteiligt. Er will keinen Dank und keine Selbstbestätigung, wenn er das Gebot der Barmherzigkeit an jedermann erfüllt. Er ist nicht mehr barmherzig, weil ihm jemand leid tut, sondern weil Barmherzigkeit in sich gut ist ..."

So erweist sich bei genauerer Betrachtung der Achtfache Weg als ein Versuch, wie er typisch für den Buddhismus ist: Das Komplizierteste soll durch das Einfachste, das Höchste durch das Niedrigste, das Schwierigste durch das Einfachste mit beeinflußt werden. Es soll eine grundsätzliche Veränderung im Bewußtsein des Menschen stattfinden, die er selbst herbeiführen kann.

Manch einen mag das Schematische in der Anordnung der Lehre abstoßen: drei Kleinodien, nämlich Buddha („der Erwachte"), Dharma (die Lehre), Sangha (die Gemeinde).

Vier Versenkungsstufen, vier Grundlehren, fünf Aneignungsgruppen, acht Wege!

Dabei sollte man bedenken, daß Merkbarkeit, Übersichtlichkeit, eine Gestaltung im Sinn von Gedächtnisstützen zu einer Zeit, in der kaum etwas aufgeschrieben und fast alles im Gedächtnis behalten und mündlich weitergegeben wurde, sehr wichtig waren. Besonders auch, da die Bildungsvoraussetzungen der Mönche und Laienbekenner recht verschiedenartig gewesen sein dürften.

26.
Der Weg des Buddha

Die erste Regenzeit verbringt Siddharta, den wir von nun an den Buddha nennen, in Laubhütten im Wildpark von Isipatana.

Bereits hier fordert er die Mönche zur Weitergabe seiner Lehre auf:

„Lehrt, ihr Mönche, die Lehre, deren Anfang, Mitte und Ende gut ist ..."

Und er entwirft die Bestimmung für den Eintritt in den Mönchsorden.

„Nachdem der Aufzunehmende zuerst veranlaßt worden ist, sich Haar und Bart zu scheren, die gelben Gewänder anzulegen und das Obergewand über die linke Schulter zu raffen, und nachdem er die Füße des ihn in den Orden aufnehmenden Mönches als Zeichen der Schülerschaft berührt, sich niedergehockt und mit aneinander gelegten Handflächen dem ihn Aufnehmenden Ehrerbietung bezeugt hat, soll er aufgefordert werden, dies nachzusprechen:

‚Ich nehme meine Zuflucht zum Buddha,
ich nehme meine Zuflucht zur Lehre,
ich nehme meine Zuflucht zur Mönchsgemeinde' ..."

Seine erste Reise führt Buddha in die Stadt Rajagaha, zu dem damals dreißigjährigen König von Magadha, den er schon kurz kennengelernt hat. Der König tritt Buddhas Orden als Laienbekenner bei und schenkt dem Orden den vor der Stadt gelegenen Bambuswald als Klosterstätte.

Die Bekehrung eines Herrschers erregt Aufsehen. Der Orden hat danach großen Zulauf. Vielen der neuen Mönche freilich geht es weniger um die Erlösung vom Leiden als um die Erlösung vom Hunger. Der König stellt den Mönchen seinen Leibarzt zur Verfügung, worauf Scharen von Siechen und Kranken aus weitem Umkreis herbeiströmen. Schließlich muß die Behandlung von Leprakranken, Schwindsüchtigen und Epileptikern abgelehnt werden, weil man anders des Andrangs nicht mehr Herr wird.

Von Anfang an gibt es immer wieder Konflikte, wenn Bürger und Kaufleute in den Orden eintreten wollen. Nicht selten sind die Frauen schockiert, die nicht wissen, wie sie die Familie allein durchbringen sollen, wenn plötzlich der Ernährer die Heilssuche als wichtiger erachtet als ein bürgerliches Leben. Nicht zuletzt deswegen dürfte wohl auch der Status des Laienbekenners eingeführt worden sein.

Es gibt aber keinen wesentlichen Unterschied zwischen Mönchen und Laienbekennern, von denen es, nach den Aufzeichnungen in den heiligen Schriften, immerhin zwölf zum Status des Heiligen gebracht haben.

Während der Regenzeit (wahrscheinlich des Jahres 527 vor Christus) werden im Veluvan-Park die ersten Gebäude errichtet.

Der Tagesablauf des Buddha ist uns aus den heiligen Schriften genau überliefert:

„Er erhebt sich bei Tagesanbruch, macht Toilette, nimmt Obergewand und Almosentopf und wandert mit dem ihn betreuenden Mönch und meist noch anderen Mönchen im Gefolge zu einem Dorf oder einer Stadt, um Speisen zu sammeln. Schweigend, das Almosengefäß vor dem Bauch haltend, verharren die gelbgewandeten Männer zwei Minuten vor jeder Tür, abwartend, ob Nahrung gereicht wird. Ist das nicht der Fall, geht es im Gänsemarsch weiter zum nächsten Haus. Beim Almosengang Häuser auszulassen verstößt gegen die mönchische Etikette, da es den Eindruck erweckt, die Mönche bevorzugten bestimmte Familien wegen ihrer besseren Küche. Fleischgerichte werden ebenso angenommen wie andere Speisen; abzulehnen hat der Mönch das Fleisch nur dann, wenn Verdacht besteht, das Tier sei seinetwegen geschlachtet worden. Oft enthält der Almosentopf verschiedenartige Speisen von mehreren Haushalten – kein Wunder, daß Magenverstimmungen und Durchfälle bei den Mönchen häufig sind.

Eine von Askese-Fanatikern innerhalb und außerhalb des Ordens kritisierte Erleichterung des Mönchslebens liegt darin, daß Siddharta und seine Jünger öfter der Einladung zu einer Mahlzeit ins Haus eines Gönners folgen. Die Mahlzeit wird aus den Almosengefäßen mit der rechten Hand eingenommen und hat vor Sonnenhöchststand beendet zu sein. Sie schließt mit einer Lehrrede an den Gastgeber. Ein ausdrücklicher Dank unterbleibt; da die Speisung dem Spender religiöses Verdienst einträgt, ist er es, der dankbar zu sein hat. Nach dem Essen reinigen die Mönche ihre Almosengefäße und halten eine Mittagsrast, die mit Meditation oder Schlaf verbracht werden darf.

Nachmittags, wenn die Glut der tropischen Sonne nachgelassen hat, setzt Gotama die Wanderung fort bis zu einem Platz, der zum Übernachten im Freien geeignet ist (es sei denn, man befindet sich in einer der Klosterniederlassungen). Häufig bietet ein Hausbesitzer Unterkunft an. Der Spätnachmittag und Abend ist der Unterweisung der Mönche gewidmet und dem Lehrgespräch mit Besuchern. Einem Bad im nächstgelegenen Teich oder Fluß folgt ausgedehnte Meditation. Dem Schlaf überläßt man sich erst in den tiefen Nachtstunden."

Buddha und seine Mönche sind Gehende, Wandernde. Die Regenzeiten verbringt man in den Klöstern, die in Kosambi, Savatthi, Vesali und Rajagaha entstehen. Nach der Zeit des Monsuns werden die Wanderungen sofort wieder aufgenommen. Das Gebiet im mittleren Nordindien, das dabei berührt wird, hat ein Ausmaß von sechshundert mal dreihundert Kilometern. Eine Strecke wie die von Rajagaha nach seiner Heimatstadt Kapilavastu von dreihundertfünfzig Kilometern legt der Buddha in etwa sechzig Tagen zurück. Er geht nicht übermäßig rasch. Die Anstrengung ist auch so beträchtlich, wenn man bedenkt, daß gewöhnlich eine Temperatur von fünfunddreißig Grad herrscht.

Wie man sich eine solche mönchische Wandergruppe vorzustellen hat, wird von Hans Wolfgang Schumann eindrücklich beschrieben:

„Der Meister geht gewöhnlich für sich, zuweilen im Gespräch mit einem seiner Anhänger; ihm fünf Schritte voraus einige resolute Jünger, die ihm den Weg frei machen und ihn gegen aufdringliche Gaffer abschirmen, hinter ihm der Troß, teils in der Haltung dienstfertiger Beflissenheit oder geistiger Sammlung, teils abgestumpft und müde. Drei Äußerlichkeiten lediglich unterscheiden den Buddha von dem Mahatma Gandhi: Sein Gewand ist nicht weiß, sondern mit Kasaya-Lehm gelbbraun gefärbt, er geht barfuß, und er benutzt keinen Wanderstab. Das alte Indien sieht im Stock eine Waffe, und Waffen hielt sich Siddharta fern."

Inzwischen hat sich die Ordensgründung des Buddha bis nach Kapilavastu, seiner Heimatstadt, herumgesprochen. Ein Abgesandter, Kaludayin, erscheint in Rajagaha, um ihn zu einem Besuch in der Heimat zu bewegen. Dieser Kaludayin wird Mönch, und er weckt das Heimweh des Erwachten mit einer Beschreibung der Blütenpracht im Sakya-Land, was nicht gerade von sehr genauem Verständnis der Lehre zeugt. Immerhin gelingt es ihm, den Buddha dazu zu bewegen, nach Kapilavastu zu gehen. Möglicherweise hat dieser das aber ohnehin schon vorgehabt.

Die Situation dort erweist sich als etwas heikel.

Der Vater empfindet es als eine Art persönlicher Beleidigung, daß der Sohn mit einer Almosenschale betteln geht. Yasodhara, die nun schon acht Jahre als Mönchswitwe lebt, scheint sich Hoffnungen gemacht zu haben, Siddharta nun doch wieder in die Behaustheit zurück locken zu können. Ihre Aufforderung an den kleinen Sohn:

„Rahula, geh und frag den Vater, welches dein Erbe ist!"

dürfte legendär sein, aber Trauer und Zorn darüber, den geliebten Mann endgültig an alle Welt verloren zu haben, werden bei ihr aufgekommen sein. Erst recht auch deswegen, weil Siddharta sogleich auch das Söhnchen als Novizen in den Orden aufnimmt und sie nun auch Rahula noch verliert.

Schwierigkeiten gibt es auch mit Siddhartas Halbbruder, der zunächst voller Enthusiasmus Mönch wird, dann aber auf weltliche Freuden doch nicht so ganz verzichten möchte. Der Buddha muß ihm eindringlich ins Gewissen reden, wobei es ohne die Herabsetzung seiner Frau nicht abgeht. Der Buddha macht ihm klar, an ihr sei nicht viel verloren.

Hingegen entwickelt sich Upali, ein einfacher Mann und Barbier in Kapilavastu, als Mönch zu einem gewieften Fachmann für Rechtsfragen und Angelegenheiten des Ordens.

Ebenfalls in Kapilavastu stößt Siddhartas Vetter Ananda zu den Mönchen. Er, dessen Name soviel wie Seligkeit, Freude oder höchste Wonne bedeutet, wird so etwas wie

Buddhas Lieblingsjünger. Er kümmert sich, nachdem er zunächst zwei Jahre in der Einsamkeit die neue Lehre auf sich hat wirken lassen, um das leibliche Wohl des Buddha.

Er scheint ein ausgezeichnetes Gedächtnis gehabt zu haben. Denn auf dem ersten buddhistischen Konzil nach Buddhas Tod werden seine Berichte, die jeweils mit der Formel „So habe ich gehört" beginnen, zur Grundlage für den sogenannten Korb der Lehren.

Die Rolle der Frau im Buddhismus ist problematisch: Sinnenfeindlichkeit ist Teil der Lehre, der Orden ist ein Männerbund. Zwar setzt, als der Buddha sich nach dem Tod seines Vaters Suddhodana in der zweiten Jahreshälfte 524 oder 523 vor Christus noch einmal in Kapilavastu aufhält, seine Stiefmutter Pajapati die Gründung eines buddhistischen Nonnenordens durch, glücklich aber scheint der Buddha über diese Neuerung nicht gewesen zu sein. Gegenüber Ananda äußerte er die Meinung, sie werde den Bestand der Wahren Lehre von tausend auf fünfhundert Jahre verkürzen.

Sein letztes Wort in dieser Sache, überliefert als Antwort auf eine entsprechende Frage Anandas kurz vor seinem Tod, ist eindeutig und weist durchaus nicht auf einen Gesinnungswandel hin:

„Wie sollen wir uns Frauen gegenüber verhalten?"

„Nicht mit ihnen sprechen, Ananda!"

„Wenn sie uns aber ansprechen, Meister, wie sollen wir uns dann verhalten?"

„Auf der Hut bleiben, Ananda!"

Abgesehen von der anti-sinnlichen Tendenz der Lehre überhaupt, ergab sich die Aufforderung beim Umgang mit Frauen wohl auch aus Vorfällen, die sich noch zu Lebzeiten des Buddha abspielten.

Da hören wir von einer gewissen Cinca, die eine Schwangerschaft simuliert und Siddharta als Vater des angeblich erwarteten Kindes bezeichnet. Da wird eine andere Frau veranlaßt, die Nähe des Meisters zu suchen, ihn anzuschwärmen und zu bewundern; dann ermordet man sie, verdächtigt Mönche der Tat, um so den Orden in Mißkredit zu bringen.

Bei der Bewertung der Frauenfeindlichkeit Siddhartas wollen auch die traditionellen Verhältnisse der damaligen Gesellschaft bedacht sein. Sie waren patriarchalisch und wiesen den Frauen eine dem Mann dienende Rolle zu. Überall aber in den überlieferten Texten, wo Begegnungen Buddhas mit Frauen geschildert werden, sieht man, daß er Frauen als mündig und den Männern ebenbürtig betrachtet.

Nichts Menschliches bleibt dem Orden fremd: Da findet 520 vor Christus der Buddha in Kosambi einen Mönch volltrunken vor dem Stadttor liegen; da prügeln sich Mönche, weil einer unter ihnen vergessen hat, ein Uringefäß zu entleeren; da stellt sich heraus, daß Rahula, der Sohn Siddhartas, in der Pubertät zu wilden Flunkereien neigt. Er scheint der eher blasse Sohn eines bedeutenden, aber wohl auch einen breiten Schatten werfenden Vaters gewesen zu sein. Immerhin schafft es Rahula, nach einer Sonderbelehrung im Blindenwald, doch noch, zum Heiligen zu werden.

In den Jahren 493 oder 492 vor Christus wird der Buddha fast das Opfer der Intrige eines Ehrgeizlings.

Der Mann heißt Devadatta und ist ein enger Verwandter. Er ist in den Orden eingetreten. Nach einiger Zeit schlägt er dem Buddha vor, er wolle die Leitung des Ordens übernehmen. Ganz so unverständlich ist dieser Vorschlag nicht. Der Buddha ist zu diesem Zeitpunkt um die siebzig Jahre alt. Das ständige Wanderleben ist anstrengend. Als der Buddha auf diesen Vorschlag aber nicht eingeht, zettelt Devadatta eine weitläufige Kabale an. Er verbündet sich mit König Bimbisaras Sohn Ajatasattu, der darauf sinnt, seinen Vater zu stürzen.

Der königliche Vater wandert ins Gefängnis und darbt dort dem Hungertod entgegen; gegen Siddharta wird ein Attentäter ausgeschickt, der ihn erschlagen soll.

Der Mann wirft sich im entscheidenden Augenblick vor dem Buddha in den Staub und gesteht seinen Auftrag. Ein anderes Mal soll der Erleuchtete durch herabrollende Felsbrocken beseitigt werden. Er wird nur am Fuß verletzt.

Der dritte Mordanschlag findet in einer engen Gasse in Rajagaha statt. Man hetzt einen Elefantenbullen auf Siddharta. Der aber bringt das Tier, das ihm an einer Stelle, an der er nicht ausweichen kann, entgegenkommt, durch seinen besänftigenden Blick zum Stehen.

Durch Devadatta spaltet sich der Mönchsorden, obwohl der Buddha den strengen asketischen Praktiken, über die es zu Diskussionen gekommen ist, gar nicht widersprochen hat.

Ajatasattu muß mit dem Buddha zu einem Ausgleich kommen. Als Vermittler schaltet er den Arzt Jivaka ein. Der Buddha verzeiht dem Königssohn, läßt sogar seine Aufnahme als Laienbekenner zu.

Aber der Ärger mit Ajatasattu nimmt kein Ende. Nach dem Tod seines Vaters fällt er zur Durchsetzung eines zweifelhaften Erbanspruchs in das Reich seines Onkels ein, wird von diesem gefangengenommen, dann aber großmütig in die Heimat entlassen. Ajatasattu entwickelt sich immer deutlicher zu einem skrupellosen Machtpolitiker und wird – dies aber erst nach dem Tod des Buddha – zum Gründer des ersten indischen Großreiches.

Der Buddha hat demgegenüber unverdrossen seinen Pazifismus durchgchalten, wie er sich in den Strophen eines buddhistischen Liedes ausdrückt:

Man hat beschimpft mich und geschlagen,
Hat mich beraubt, tat mir Gewalt.
Wen solche Gedanken noch plagen,
Gebietet nie der Feindschaft Halt.

Man hat beschimpft mich und geschlagen,
Hat mich beraubt, tat mir Gewalt.
Die solches Denken sich versagen,
Für die erstirbt die Feindschaft bald.

Denn Feindschaft läßt im Weltenlauf
Niemals durch Feindschaft sich befrieden:
Nicht-Feindschaft nur hebt Feindschaft auf,
Die Wahrheit ewig gilt hienieden.

Was die Menschen wohl am meisten am Buddha beeindruckt, ist die Übereinstimmung seiner Lehre mit seiner Persönlichkeit. Seine Höflichkeit, seine Bereitschaft, immer ohne Überheblichkeit auf alle Fragen eine Antwort zu geben, seine Weltklugheit, seine Milde und Überlegenheit, aber offenbar auch eine ausgesprochene Begabung zur anschaulichen Darstellung komplizierter philosophischer Überlegungen wirken werbend für die Botschaft, die der Erleuchtete vertritt.

Er ist auch witzig und schlagfertig. Eine bezeichnende Anekdote erzählt von einem Brahmanen, der, als er hört, daß einer seiner Verwandten sich zur buddhistischen Lehre bekannt hat, sich allerlei Schimpfworte zurechtlegt, die er dem Buddha an den Kopf werfen will, sobald er ihm begegnet, wozu sich dann auch Gelegenheit ergibt. Nachdem der Brahmane seine Aggressionen losgeworden ist, fragt ihn der Buddha, ob er manchmal auch Gäste zum Essen habe. Ja, sagt der Mann. Und was mit den Speisen geschehe, die übrigblieben. Oh, antwortete der Brahmane, bei ihm verkomme nichts. Solche Speisen esse er dann immer selbst noch auf.

„Nun denn“, sagt der Buddha, „die für uns zubereiteten Schmähungen lassen wir stehen. Iß sie nur auch selbst auf.“

Scharf werden kann der Buddha, wenn Mönche die Lehre falsch oder töricht auslegen. Dann fällt durchaus auch mal ein Schimpfwort wie „Moghapurisa“, was Dummkopf bedeutet.

Eine Anekdote, die wahrscheinlich schon zu Buddhas Lebzeiten großen Eindruck auf die einfachen Leute gemacht haben dürfte, berichtet von der Auseinandersetzung mit einem gemeinen, gewalttätigen Straßenräuber: Als sich der Buddha während einer Predigtreise in Savatthi im Königreich Kosala aufhielt und mit der Almosenschale umherging, warnten ihn wohlmeinende Leute vor einem gewissen Angulimala. Das war ein Räuber, der mal diese, mal jene Ortschaft überfiel und eine schaurige Vorliebe hatte: Er hieb den Überfallenen die Finger ab und trug diese an einem Band um den Hals als Schmuckstück.

Trotz solcher Warnungen schlug der Buddha den Weg ein, der mitten durch jenen Wald führte, in dem, wie man ihm erzählt hatte, sich Angulimala zumeist aufhielt. Als dieser ihn sah, lief er dem Buddha hinterdrein. Er fand es erstaunlich, was dieser verrückte Wanderprediger sich herausnahm. Und ehe er ihn tötete, wollte er sich erst einmal mit ihm unterhalten.

„Bleib stehen, Mönch“, rief er, „ich will mit dir reden.“

Der Buddha lief weiter, als habe er nichts gehört.

Angulimala brüllte, so laut er konnte: „Hast du mich nicht verstanden, Mönch? Du sollst gefälligst stehenbleiben!“

„Ich habe innegehalten, Angulimala. Willst du es nicht auch tun?“ fragte der Buddha.

Dann setzte er seinen Weg fort.

Angulimala wurde verwirrt. Er dachte: Behaupten diese Mönche, die sich Männer des Sakyamuni nennen, nicht, immer die Wahrheit zu sprechen? Dieser da sagt, er habe innegehalten, dabei läuft er weiter. Er fragte den Buddha, nun schon etwas freundlicher, während dieser immer weiter ausschritt: „Mönch, du behauptest, innegehalten zu haben, und doch gehst du weiter. Wenn ich stehenbleibe, sagst du, ich ginge weiter, dabei bleibe ich doch stehen. Was soll das?"

Der Buddha antwortete: „Angulimala, ich habe damit innegehalten, irgendein lebendiges Wesen zu verletzen, ich habe mit meinen Begierden und Lüsten innegehalten. Das ist der Weg zur Erlösung. Du hingegen, der du Unschuldigen Gewalt antust, wirst fortfahren, dahinzutreiben wie ein Boot ohne Ruder und Anker in einer starken Strömung. Die Katastrophe steht dir unvermeidlich bevor, wenn du damit nicht innehältst."

Angulimala zuckte zusammen. „Was denn für eine Katastrophe?" fragte er.

„Natürlich kannst du weiter wüten, solange du stark und wachsam bist. Aber du brauchst nur einen kleinen Fehler zu machen, und schon bist du verloren. Die Männer des Königs sind hinter dir her. Eines Tages werden sie dich fangen und dich für all deine Verbrechen bestrafen. Sollte ihnen das aber nicht gelingen, wird dich dein schlechtes Gewissen auf deinem Totenbett quälen, und du wirst für deine bösen Taten eine scheußliche Form der Wiedergeburt haben."

Ein kalter Schauer rann Angulimala über den Rücken. Er warf sein Schwert in den Straßengraben, riß das Halsband mit den Fingern ab, fiel vor Buddha auf die Knie und bat: „Möge der Edle Mitleid mit mir haben. Ich nehme meine Zuflucht zu dem Erleuchteten."

Und der Buddha nahm Angulimala unter seine Mönche auf. Er setzte es durch, daß der König ihm verzieh, und für Angulimala begann im Anathapindika-Kloster im Jeta-Wäldchen der Alltag des mönchischen Lebens.

Eines Morgens ging er allein in die Stadt, um Almosen zu sammeln. Wie er so von Haus zu Haus wanderte, hörte er die Schreie einer Frau. Es war ein kleines Haus, wer immer dort lebte, er mußte arm und bedürftig sein.

Ein paar Augenblicke blieb er auf der Schwelle stehen und wartete, ob jemand kommen werde, um ihm Almosen anzubieten. Niemand zeigte sich. Daraus schloß Angulimala, daß die Frau, die da so laut geschrien hatte, wohl allein sein werde. Er schaute also in eines der Zimmer und sah, wie sie sich in Geburtswehen krümmte. Er sagt sich: Eine Geburt ist zwar eine natürliche Angelegenheit, aber dieser Frau scheint es dabei ungewöhnlich schlecht zu gehen. Vielleicht gehört sie zu jenen Frauen, die schwer gebären.

Er wollte ihr helfen, aber er wußte nicht wie. Da lief er eilig in das Jeta-Wäldchen zurück und fragte den Buddha um Rat.

Der hörte sich an, was Angulimala ihm erzählte, und dann sagte er: „Geh zu dem Haus zurück. Du kannst der Frau damit helfen, daß du vor sie hintrittst und etwas rezitierst. Das wird sie von ihren Schmerzen ablenken."

„Und was soll ich rezitieren?" fragt Angulimala.

„Du könntest sagen: Schwester, seit ich geboren war, habe ich nie absichtlich ein lebendes Wesen vernichtet. Durch diese Wahrheit sollen dem Kind und dir Frieden werden."

„Aber Meister", erwiderte Angulimala, „das kann ich nicht sagen. Es wäre ja unwahr."

Der Buddha lächelte. Es freute ihn, daß Angulimala so aufmerksam und aufrichtig war.

„Du hast recht, Angulimala", sagte der Buddha. „Zuerst lobe ich deine Aufmerksamkeit. Dann lobe ich deine Aufrichtigkeit. Falsches zu tun, um Gutes zu bewirken, ist keine Art für einen edlen Mönch, wie du einer geworden bist. Nun könntest du aber freilich hingehen und statt dessen sagen: Schwester, seit ich ein Mönch geworden bin, habe ich bewußt keinem Lebewesen mehr Schaden zugefügt. Durch diese Wahrheit soll deinem Kind und dir Frieden werden."

Angulimala kehrte also zu dem Haus zurück, und als er vor der Frau stand, sagte er immer wieder den Satz auf, zu dem der Buddha ihm geraten hatte. Die Frau brachte ihr Kind ohne weitere große Schmerzen zur Welt, und somit schien alles ein glückliches Ende zu nehmen.

Aber einige Nachbarn hatten Angulimala ins Haus gehen sehen. Sie dachten sich: Ein Mönch betritt doch kein Haus, ohne aufgefordert worden zu sein. Mönche sammeln Almosen, indem sie auf der Schwelle stehenbleiben. Der Hausherr ist nicht daheim. Er ist in den Wald gegangen, um Holz zu schneiden. Die Frau ist hochschwanger. Sie würde nie einen unbekannten Mann herbeirufen. Dieser Angulimala ist gewiß wieder rückfällig geworden. Er wird dem Buddha Schande machen. Das soll er büßen!

So kamen sie und bewarfen Angulimala mit Steinen. Einige schlugen auch auf ihn ein. Er wurde verletzt. Seine Schale zerbrach. Sein Mönchsgewand hing in Fetzen. Übel zugerichtet kehrte er ins Wäldchen zurück.

Als der Buddha erfahren hatte, was er erlebt hatte, sprach er: „Ertrag es, Angulimala. Ich sag' es noch einmal: Ertrag es. Die Welt ist voller törichter und vorurteilsvoller Menschen. Hat einer wie du in der Vergangenheit einen schlechten Ruf gehabt, so wird er ihn so rasch nicht wieder los. Viel länger als einen schlechten Ruf loszuwerden dauert es, einen guten Ruf zu erwerben. Aber ertrag es, Angulimala. Ich sage noch einmal: Ertrag es. So wird dein Karma reifen, und du wirst der Erleuchtung näher kommen oder, wenn du gestorben bist, eine angenehme Wiedergeburt haben!"

Die Geschichte enthält, wenn man länger über sie nachdenkt, fast alle wichtigen Gesichtspunkte der buddhistischen Lehre. Grundsätzlich bestätigt sie, daß alles Leben leidvoll ist.

Eine andere Aussage, die in der Geschichte an mehreren Stellen wiederholt wird, ist der Täuschungscharakter aller Dinge und Ereignisse.

Am furchtlosen Verhalten des Buddha stellt sie dar, wie überlegen ein Erleuchteter ist.

Eine Handlungsweise ist nie eindeutig. Die vordergründig sich aufdrängende Eigenschaft kann jeweils auch das Gegenteil ihrer selbst enthalten. Gegensätze und Widersprüche lösen sich, dringt man nachdenkend oder meditierend bis zu einem bestimmten Punkt vor, überraschend auf. Dann wird Wahrheit sichtbar.

Ein blindwütig handelnder Feind kann – durch die eigene Sicherheit und Bedachtsamkeit – so verunsichert werden, daß er kapituliert. Angulimalas Sadismus wird, ohne zu moralisieren, als das vorgeführt, was er ist: eine krankhafte Verwirrung. Demgegenüber ist Mitleid zu üben – kein sentimentales, sondern ein vernünftiges Mitleid.

Die Geschichte zeigt auch, wie man Abstand von dem Täuschungen bewirkenden Spiel der Leidenschaften gewinnt.

Die Rechte Erkenntnis ergibt sich aus einer klaren, scharfen Sicht der Dinge, nicht aus einem spektakulären Wunder.

Das Rechte Wort und die Rechte Einsicht bewirkende Benutzung des Wortes sind zu Wundern fähig.

Im zweiten Teil der Geschichte wird, zumindest indirekt, gesagt: Auch ein Räuber, ein Verbrecher kann zur Erleuchtung gelangen. Eine erstaunliche und bestimmt auch damals viele Menschen empörende Feststellung.

Die Voraussetzung zur Erlösung ist die Einsicht in den Leidenscharakter aller Wesen und Zustände. Sogar etwas so Selbstverständlich-Natürliches wie eine Geburt ist leidvoll.

Dann folgen einige Hinweise in praktischer Ethik: Das Gute kann nicht durchgesetzt werden mit schlechten Mitteln. Der Zweck heiligt die Mittel nicht.

Aufmerksamkeit gegenüber den eigenen Reaktionen ist eine wichtige Tugend.

Indem man Mitleid empfindet, wie es der Buddha fordert, erwirbt man kein Anrecht darauf, daß es einem gutgeht.

Wieder wird unterstrichen: Diese Welt ist ein Ort des Leidens. Gutes wird häufig mit Bösem vergolten. Ursachen dafür sind Unwissenheit und Unduldsamkeit. Voreiliges Handeln ohne Rechte Einsicht beschert Unheil. Aber einem um Erlösung vom Leid bemühten Mönch gereicht selbst noch sein Schaden zum Heil. Sein Karma läutert sich. Es verbessern sich seine Chancen zur Erleuchtung oder zu einer angenehmeren Wiedergeburt.

Es ist schon erstaunlich, wieviel an Aussage in dieser auf den ersten Blick eher anspruchslos wirkenden Geschichte zusammengepreßt ist. Und man kann sicher sein, daß ähnliche Erläuterungen und Interpretationen, wie wir sie hier versucht haben, auch damals in Gesprächen und Diskussionen zwischen Lehrer und Schüler gegeben worden sind.

Der Tod nähert sich dem greisen Buddha, als er sich während einer Regenzeit an einem seiner Lieblingsorte, in Beluva, aufhält.

Noch einmal mobilisiert er seine starken Willenskräfte gegen das Sterben.

Ananda, sein Lieblingsjünger, äußert sich erfreut darüber, daß der Erleuchtete sie nicht verlassen hat, denn noch ist kein Nachfolger gefunden. Der Buddha läßt sich in dieser Frage zu keinen klaren Aussagen drängen. Er hat nur einen Rat, keinen Befehl: „Nehmt eure Zuflucht zur Lehre ... und zu euch selbst."

Kurz darauf rastet der Buddha mit der Schar seiner Mönche bei dem Schmied Tschunda in der Ortschaft Pava.

Der Schmied setzt dem Erleuchteten eine Schüssel „Sukaramaddavam" vor, nach deren Genuß der Buddha offensichtlich schwer an Ruhr erkrankt, die dann seinen Tod herbeiführt.

Woraus nun dieses Verderben bringende Gericht tatsächlich bestanden haben mag, darüber rätseln die Experten bis heute. Während die einen auf eine Schweinesülze tippen, bieten die anderen als Übersetzung Trüffel an und vermuten, es habe sich um ein Pilzgericht gehandelt.

Vor seinem Hinscheiden weist der Buddha seine Mönche noch an, nun nicht etwa dem Schmied Vorwürfe zu machen. Keineswegs dürfe er als das Werkzeug des Bösen hingestellt werden. Im Gegenteil, er habe es gut gemeint mit dem Buddha und seinen Mönchen, und entsprechend müsse das Urteil über ihn ausfallen.

Hier tritt ein anderer Gesichtszug buddhistischer Ethik hervor: Neben einer Tat, einer Handlungsweise, muß auch die Absicht, mit der die Handlung vorgenommen wurde, berücksichtigt werden.

Im März oder April des Jahres 483 vor Christus ist der Buddha in Kusinara (heute Kasia) als Mensch gestorben.

Seine Jünger verbrennen seine Leiche. Die Einwohner des Sterbeortes frohlocken. Sie erwarten, daß ihre kleine Stadt zu einem Wallfahrtsort werden würde, was beträchtliche Einkünfte versprach.

Es erschienen aber Abgesandte aus verschiedenen Fürstentümern Nordindiens, die alle eine Reliquie von der Leiche erbitten. Tödliche Auseinandersetzungen um die sterblichen Reste können nur durch die energischen Vorbehalte des die Bestattung vornehmenden Brahmanen

Dona verhindert werden, der die besitzgierigen Anhänger darauf hinweist, der Tote sei immer für den Frieden eingetreten.

Insgesamt scheinen zehn Reliquien vergeben worden zu sein, die alle in Stupas – ursprünglich waren das Hügelgräber – beigesetzt wurden.

Zwei dieser Urnen sind in unserer Zeit wiedergefunden worden. Eine ist diejenige der Sakya. Sie befindet sich im Indischen National-Museum in Kalkutta, allerdings ohne die Asche, die dem König von Thailand geschenkt wurde.

Das zweite Behältnis ist eine Deckelschale, die 1958 in Vesali ausgegraben wurde und heute im Museum der Landesregierung von Bihar in Patna aufbewahrt wird.

Unter der Mönchsgemeinde, die der Buddha zurückließ, gab es zwei hervorragende Persönlichkeiten.

Die eine war Mahakassapa, ein Eremiten-Mönch, den der Buddha zu Lebzeiten unter anderem dadurch ausgezeichnet hatte, daß er mit ihm die Schulterrobe tauschte.

Der andere Mann war jener Lieblingsjünger Ananda, der allerdings bei Buddhas Tod noch nicht den Zustand der Heiligkeit erreicht hatte.

Die Initiative zu einem Konzil ging von Mahakassapa aus. In den Schriften wird sein Aufruf so zitiert:

„Laßt uns, Ehrwürdige, den Dharma (Lehre) und den Vinaya (Sammlung der Ordensregeln) gemeinsam aufsagen, damit nicht falsche Lehren und Regeln aufkommen und Irrlehren auftreten, während die Sachkenner schwach werden."

Hingegen scheint Ananda derjenige unter den Mönchen gewesen zu sein, der die meisten wörtlichen Aussprüche des Buddha wiedergeben konnte.

Die Verständigung zwischen den beiden Männern unterschiedlichen Charakters dürfte nicht leicht gewesen sein.

Einberufen wurde das erste Konzil des Buddhismus in die Sattapanni-Höhle in der Nähe von Rajagaha („Königshausen"), der Hauptstadt von Magadha, die schon im Anfang der Ordensgründung eine so wichtige Rolle gespielt hatte.

Angeblich sollen an diesem ersten Konzil fünfhundert Mönche teilgenommen haben, eine Zahl, die nicht zuletzt deswegen bezweifelt werden muß, weil so viele gar nicht in der Höhle Platz gehabt hätten. Den Ablauf der Mönchsversammlung stellt Hans Wolfgang Schumann so dar:

Im Lauf der folgenden sieben Monate befragte Mahakassapa den Mönch Upali in bezug auf die Ordensregeln (Vinaya) und den Mönch Ananda in bezug auf die Lehrreden (Sutta) des Buddha (Cullavagga des Vin II, 1,7–8).

Schwieg die Synode, galt die von Upali oder Ananda referierte Äußerung des Meisters als konkret wiedergegeben und war damit als kanonisch anerkannt. Jeder der anwesenden Mönche war aufgefordert, Einwürfe oder Ergänzungen zu machen oder von ihm selber erinnerte Äußerungen Buddhas zu Protokoll zu geben. Niedergeschrieben wurde der so festgelegte Kanon nicht, er wurde dem Gedächtnis eingeprägt. Der Schrift bediente sich Altindien nur bei Rechtsdokumenten, die zu memorieren sich nicht lohnte. Der Daseinsbewältigung dienende Texte hingegen wurden auswendig im Kopf behalten, so daß man sie jederzeit zitieren konnte. Sie wurden durch Vorsprechen und Wiederholen an jüngere Mönchsgenerationen weitergegeben.

27.
Der Weg des Buddhismus Notizen zur Entwicklung einer Weltreligion

Die Lehren des Buddha sind ein Schatz an Weisheit, der von Lehrer zu Schüler seit über 2500 Jahren weitergegeben wurde. Es haben sich viele Lehrstile entwickelt, aber alle Schulen des Buddhismus legen die Mittel zur Realisierung des erwachten Geisteszustandes dar, und alle von ihnen eifern dem Beispiel des Buddha, des Erwachten, nach ...

Tchögyam Trungpa

In den 2500 Jahren seines Bestehens hat der Buddhismus viele Veränderungen durchgemacht. Es ist im Rahmen dieses Buches nicht möglich, diese Entwicklung genau nachzuzeichnen. Was versucht werden soll ist, dem interessierten Laien so etwas wie eine Faustskizze zu geben, die er später selbst mit genaueren, Spezialfragen betreffenden Informationen auffüllen muß.

Neuere Religionshistoriker (beispielsweise Edward Conze) pflegen die Entwicklung der Lehre in vier Epochen zu sehen: eine erste, nämlich die Zeit der ersten fünfhundert Jahre nach dem Tod des Buddha, die im Zeichen des „Hinayana", des „Kleinen Fahrzeugs", steht. In ihr ist das ideale Menschenbild das des Arahat oder Heiligen, der alle Bindung zur Welt aufgegeben hat, dessen Begierden erloschen sind.

Eine zweite Epoche reicht etwa von der Zeitenwende bis 500 nach Christus und wird vom „Mahayana", dem „Großen Fahrzeug", geprägt. Hier ist das menschliche Ideal der Bodhisattva, also der Mensch, der bereit ist, vor der eigenen Erlösung andere Wesen zu retten, aufs Eingehen ins Nirvana verzichtet, bis alle Wesen erlöst sind.

Eine dritte Epoche zwischen 500 und 1000 nach Christus steht im Zeichen der Begriffe „Tantra" und „Ch'an". Der Mensch versucht, eine Harmonie zum Kosmos herzustellen oder, anders ausgedrückt, sich kosmischer Kräfte zum Zweck der Erleuchtung zu bedienen.

Schließlich die vierte Epoche, die die letzten 1000 Jahre umfassen würde und somit unsere Gegenwart mit einschließt. In ihr besteht ein kennzeichnendes Muster darin, daß immer häufiger buddhistische Einflüsse in Europa und in Amerika wirksam werden, daß in unserem Jahrhundert der Buddhismus auf diesen Kontinenten Fuß faßt und es zu Verbindungen östlichen und westlichen Denkens kommt.

Die erste Epoche oder die Zeit nach dem Tod des Buddha

Um das Jahr 383 vor Christus kam es wegen Streitigkeiten über die Ordensregeln in Vesali zu einem Zweiten Konzil.

Jene, die den Wert der Überlieferung besonders betonten, nannten sich „Theravadins", das heißt „Anhänger der Lehre der Alten". Die Neuerer, die von sich behaupteten, in der Überzahl zu sein, erhielten den Namen „Mahasanghika", das heißt „Große Gemeinde".

Schon hier zeichnet sich jene Parteienbildung ab, die später zu den Schulen des Großen Fahrzeugs und des Kleinen Fahrzeugs führte. Die Bezeichnungen der eben genannten Gruppen werden später häufig analog zu den Begriffen Kleines Fahrzeug und Großes Fahrzeug gebraucht.

Noch wichtiger war das Dritte Konzil. Es fand 253 vor Christus in Patna unter der Schirmherrschaft des Kaisers

Ashoka statt, der den Buddhismus zur Staatsreligion erklärt hatte, übrigens ohne gleichzeitig andere Religionen zu diskriminieren.

Eine Versammlung von etwa 1000 Mönchen erstellte neben den Sammlungen der Ordensregeln (Vinaya) und der Suttapitaka (Sammlung der Lehrreden) das Kathavasthu, ein Werk, in dem häufig auftretende Irrlehren widerlegt wurden. Angeregt durch Ashoka, kam es zu einer eifrigen Missionstätigkeit. Buddhistische Missionare reisten bis nach Mazedonien, Ägypten und Syrien. Erfolgreich waren sie lediglich in Ceylon, das in der Folge zu einem der wichtigsten Zentren des Buddhismus wurde.

Die Lehre war zunächst um 240 vor Christus durch Ashokas Sohn Mahinda auf die Insel gelangt.

In Ceylon bildete sich als „Lehre der Ordensältesten" (Theravada) die Hinayana-Schule heraus. Theravada ist heute vor allem in den Ländern Südostasiens verbreitet. Nur Buddhisten waren legitimiert, Könige zu sein. Die Insel Lanka, so glaubte man, gehöre dem Buddha selbst. Es war die Pflicht des Königs, den Mönchsorden zu beschützen, und den Klöstern erwuchs großer Nutzen in Form von Schenkungen, Prestige und Schutz vor Störungen von außen. Obwohl die Könige meist Laien waren, fungierten sie dennoch als Oberste Richter in jedem möglichen Streit unter den Buddhisten. Die Mönche ihrerseits halfen im allgemeinen den Königen und gewannen die Unterstützung des Volkes für deren Wünsche. Diese enge Verbindung der Sangha (Gemeinde) mit dem Staat hatte aber auch ihre Nachteile. Seit dem 2. Jahrhundert vor Christus durchtränkte sie nicht nur den ceylonesischen Buddhismus mit nationalistischem Geist und machte Mönche empfänglich für politische Intrigen, sondern brachte diese sogar dazu, die nationalistischen Kriege ihrer Könige begeistert zu unterstützen. Sie versicherten König Dutthagamani (108–77 vor Christus), daß die Tötung vieler Tausende von Feinden nicht zähle, da sie als Ungläubige in Wahrheit nicht mehr seien als Tiere.

Auf Ceylon war es auch, wo im 1. Jahrhundert vor Christus der König Vattagamani Abhaya die bisher mündlich weitergegebene Lehre zum erstenmal niederschreiben ließ, und zwar in Pali-Sprache.

Die Pali-Schriftensammlung, die erhalten ist, zerfällt in drei Teile. Sie werden als „Körbe" (Pitaka) bezeichnet, und zwar deswegen, weil die auf getrocknete Palmblätter geritzten oder geschriebenen Texte in Körben aufbewahrt worden sind.

Das erste Pitaka enthält die Regeln des Ordens (Vinayapitaka), die Lehrreden (Suttapitaka) sind der zweite Korb, das dritte ist der „Korb der Scholastik" (Abhidharmapitaka) mit einem Schema der Lehre und einer Analyse aller Hauptbegriffe.

Die Pali-Sammlung ist kanonisch, also offizielle Lehre. Neben ihr gibt es, wie im Christentum auch, eine ganze Reihe außerkanonischer Schriften.

Die Frage, wie weit diese früheste Niederschrift der Lehre der Ideenwelt Buddhas tatsächlich entspricht beziehungsweise ob in der Zwischenzeit schon starke Veränderungen mit der Lehre vor sich gegangen waren, ist schwer zu beantworten. Festzuhalten ist, daß wir mit dem Pali-Kanon die früheste schriftliche Fixierung des Buddhismus vor uns haben.

Die Zweite Epoche:

Mahayana oder Das Große Fahrzeug

Der Mahayanapfad beruht auf der Entdeckung, daß andere wichtiger sind als wir selbst.

Tchögyam Trungpa

Etwa um die Zeitenwende entwickelte sich in Nordwest- und Südindien, also in jenen Regionen, in denen der Buddhismus am stärksten den Einflüssen der griechischen, römischen und iranischen Kulturwelt ausgesetzt war, das Mahayana oder Große Fahrzeug.

In dieser Ausprägung wurde der Buddhismus außerhalb Indiens lebensfähig. Mit ihr vollzog sich der Sprung von einer relativ kleinen und elitären Anhängerschaft zur Massenreligion.

Zunächst einmal zu der Wortbedeutung: Das Wort „Yana" ist, wie Helmuth von Glasenapp erläutert, vieldeutig,

„es bedeutet gleichermaßen: Weg, Laufbahn, Fahren, Überfahrt, Fahrzeug, Vehikel, doch hat sich in Europa die Wiedergabe als Fahrzeug durchgesetzt. Der Pali-Kanon ist bis zum heutigen Tag die autoritative Grundlage der buddhistischen Lehre in Ceylon, Burma, Siam (Thailand), Kambodscha und Laos. Dieser Pali-Buddhismus wird, weil er heute in den südlich von Ostasien und Tibet gelegenen Ländern blüht, oft östlicher Buddhismus genannt. Die Bezeichnung ‚Hinayana' wurde nach Aufkommen des „Mahayana" von dessen Anhängern ursprünglich im abschätzigen Sinn (Hina = gering) gebraucht, wird aber in der Wissenschaft heute natürlich ohne jedes Werturteil verwendet, um ihn von dem Mahayana-Buddhismus zu unterscheiden."

Man könnte Hinayana, das Kleine Fahrzeug, als die reine, ursprüngliche Lehre bezeichnen, während das Große Fahrzeug eine ziemlich grundsätzliche Veränderung der Ur-Lehre darstellt.

Warum es zu dieser Veränderung kam, dafür geben Experten verschiedene Gründe an. So schreibt Edward Conze:

„Um 100 vor Christus hatten eine Anzahl von Buddhisten das Gefühl, daß die Aussagen der Lehre schal und unbrauchbar geworden seien. In der Überzeugung, daß der Dharma immer wieder neuer Formulierungen bedarf, um den Bedürfnissen neuer Zeitalter, neuer Generationen und neuer sozialer Gegebenheiten gerecht zu werden, nahmen sie sich vor, neue Schriften zu schaffen. Die Schaffung dieser Literatur ist einer der großartigsten Ausbrüche schöpferischer Energie in der Geschichte der Menschheit. Sie dauerte ohne Unterbrechung etwa vier bis fünf Jahrhunderte ..."

Nun, der konkrete Anlaß für diesen Auf- und Ausbruch aber war ein ganz bestimmtes Problem, das die Mönche schon seit dem Zweiten Konzil beschäftigt hatte. Es war die Frage nach dem Wesen des Buddha.

Die Behauptung, daß ein ganz normaler Mensch zur Einsicht in die wichtigsten Gesetze des Universums gekommen sein sollte, schien vielen unglaublich. Das führte zu der Frage: War dieser Siddharta überhaupt ein Mensch?

Nach der herrschenden Lehrmeinung der frühen Zeit ist das Erscheinen eines Buddha, eines Erleuchteten, ein äußerst seltenes Ereignis. In den Zwischenzeiten ist die Menschheit ohne Führung und Ratgeber. Mit einem Schuloberhaupt, das seit seinem Nirvana tot ist, konnten sich philosophisch geschulte Mönche abfinden. Jetzt, da der Buddhismus von einer Lehre für eine Elite zu einer Volksreligion wurde, verlangte das Volk nach Göttern, einem Götterhimmel, nach Heiligen, wie es sie auch in den anderen Religionen Asiens gab.

Heinrich Dumoulin definiert die wichtigsten Unterschiede zwischen Theravada-(oder Hinayana-)Buddhismus und Mahayana-Buddhismus so:

„Die verschiedenen Auffassungen bezüglich der ‚Drei Kleinodien', also über Buddha, Dharma (Lehre) und Sangha

(Gemeinde), können, wenn man sich vor schematischer Vereinfachung hütet, bei einer ersten groben Verdeutlichung der Verschiedenheit der zwei Hauptzweige behilflich sein.

Im Kontrast zum mahayanistischen Pantheon zahlloser Buddhas und Bodhisattvas ist im Theravada der historische Buddha der einzige Buddha. An seine früh aufkommende kultische Verehrung und die im buddhistischen Kanon überlieferten Geschichten von seinen Vorexistenzen knüpft das Mahayana an. Den Mittelpunkt der Theravada-Lehre (Dharma) bilden die ‚Vier heiligen Wahrheiten' und der ‚Achtgliedrige Pfad', Lehren, die auch das Mahayana kennt, aber in kühner Weiterentwicklung der Kernvorstellungen von Karma, Nirvana und Mitleiden zu bedeutenden metaphysischen Lehrgebäuden ausbaute. Sangha, die Gemeinde, ist im Theravada (oder im ‚Kleinen Fahrzeug') ein streng disziplinierter Mönchsorden. Zwar ist das Mönchstum ein charakteristisches Phänomen des gesamten Buddhismus, doch nimmt es im Mahayana (‚Großen Fahrzeug') wesentlich freiere Formen an, ja der Mahayana-Buddhismus kann auf weite Strecken hin als ausgesprochene Laienreligion bezeichnet werden."

Vor allem in drei Bereichen spielt sich im Mahayana eine Veränderung der Vorstellungen und Bedeutungen ab:

1. Eine neue Vorstellung vom Buddha

Er ist nicht länger ein menschliches Wesen wie andere auch. Vielmehr wird das Leben Siddhartas, der später zum Erleuchteten wird, „als ein Spiel des wesenhaft überirdischen Buddhas" angesehen. Der Buddha des Großen Fahrzeugs wird vorgestellt wie eine Wolke, die sich über die Welt erhoben hat und, alles bedeckend, die Erde einhüllt.

Dieser Buddha ist Herr über Zeit und Raum. Seine irdische Erscheinung ist nur eine Vorspiegelung,

„Gaukelwerke, die der zeitlose und transzendente (also nicht reale) Buddha auf die Erde projiziert hat, um der Menschheit einen vollkommenen Tugendwandel vor Augen zu führen und sie auf den Weg der Selbstdisziplin und Erlösung zu bringen."

(Sammlung vom Lotos des Guten Gesetzes)

Gute Tatabsichten ermöglichen es den Menschen, Buddha zu erkennen und seine Lehre zu verstehen, aus schlechten Taten ergeben sich Hindernisse (aufgrund des Karma-Gesetzes).

2. Das Dharmaprinzip

Während man also im Anfang in Buddha ein menschliches Wesen sah, kam später eine Lehre auf, die ihn als übermenschliches Wesen definierte, bis er schließlich als himmlisches Wesen bezeichnet wurde.

Das Mahayana harmonisiert diese Vorstellungen insofern, als es mit dem sogenannten „Dharmaprinzip" ein nicht mehr stoffliches Absolutum annimmt, das bei einem Buddha, gleichgültig, ob er sich in irdischer oder überirdischer Erscheinungsform darstellt, immer vorhanden ist.

Es setzt über die Steigerungslinie vom Menschen zum Gott noch ein Drittes, ein Absolutum, den Dharmaleib.

3. Das Bodhisattva-Ideal

Im frühen Buddhismus und in der ursprünglichen Lehre kann und soll der Mensch sich selbst von den Leiden erlösen beziehungsweise der Buddha bietet durch seine Lehre die Möglichkeit zur Erlösung an.

Das mag, verglichen mit der Opferreligion des Brahmanentums, fortschrittlich erscheinen. Offenbar empfanden es aber viele Menschen auch als einen Nachteil, weil damit von jedem einzelnen große Anstrengungen verlangt wurden. So kommt es im Buddhismus zur Erfindung der Bodhisattvas.

Der Begriff heißt wörtlich auf Sanskrit „Erleuchtungswesen" oder „erwachendes Wesen". Jemand, der das Bodhisattva-Gelübde ablegt (nicht nur Mönche und Nonnen, sondern auch Laien), verpflichtet sich damit feierlich, zum Wohl aller Wesen die Erleuchtung zu erringen. Er verspricht, so lange auf das Eingehen ins vollständige Nirvana zu verzichten, bis alle Wesen erlöst sind. Die sein Handeln bestimmende Eigenschaft ist das Erbarmen (Karuna), getragen von höchster Einsicht und Weisheit (Prajna). Ein Bodhisattva leistet tätige Hilfe und ist bereit, das Leid aller Wesen auf sich zu nehmen und karmisches Verdienst auf andere zu übertragen. Im Grund erfüllt die Bodhisattva-Vorstellung das Bedürfnis einer Volksreligion nach Heiligen.

So kommt es schließlich im Mahayana zu der Lehre von einer riesigen Zahl von Welten oder Kosmen, von denen jede von einem Buddha regiert wird, dem ein oder mehrere Bodhisattvas zur Seite stehen.

Hat die erste Periode des Buddhismus beim Heiligen als wichtigste Eigenschaft die Weisheit betont, so ist jetzt vor allem der mitleidende Mensch wichtig.

Dies führt praktisch zu einer neuen Ethik.

Die sechs Vollkommenheiten sind die des Gebens, der Sittlichkeit, der Geduld, der Willenskraft, der Meditation und der Weisheit. Die erste gebietet Freigebigkeit, das heißt die Bereitschaft, alles wegzugeben, was man hat, sogar den eigenen Körper, und die zweite macht es zur

Pflicht, die sittlichen Gebote selbst unter Lebensgefahr gewissenhaft zu befolgen. Was die „Geduld" betrifft, so sagt das Mahayana darüber viel mehr als das Hinayana und verwendet dieses Wort in einem weiteren Sinn als gewöhnlich. Als sittliche Tugend bedeutet es das geduldige Ertragen aller Arten von Leiden und Feindseligkeiten sowie, wenn man sie erfährt, den vollständigen Mangel an Zorn oder Mißmut ... Willenskraft bedeutet, daß der Bodhisattva über alle Zeit hinweg unermüdlich in seinem Tun fortfährt und sich nie entmutigt fühlt. Die Vollkommenheit der Meditation befähigt ihn, Stufen der Transzendenz zu durchschreiten, „zahlreich wie die Sandkörner des Ganges".

Die Vollkommenheit der Weisheit schließlich ist die Fähigkeit, die wesentlichen Eigenschaften aller Vorgänge und Erscheinungen, ihre wechselseitigen Beziehungen, die Bedingungen, die sie entstehen und vergehen lassen, sowie letztlich die Unwirklichkeit ihrer Einzelexistenz zu verstehen. Auf ihrer höchsten Ebene führt sie geradewegs in die Leere, welche die eine und einzige Realität ist.

Der Mahayana-Buddhismus hatte sich aus jener Gruppe von Mönchen entwickelt, die auf dem Zweiten Konzil die Buchstabentreue der Orthodoxen kritisiert hatte. Hinzu kam später eine laxere Auslegung der Mönchsregel.

„Groß" war das Fahrzeug durch seine Volkstümlichkeit. Diese hing nicht zuletzt damit zusammen, daß das Mahayana in Nordindien religiöse Ideen aus Persien und Griechenland in sich aufnahm. In Südindien wurde es von den starken Mutter-Göttinnen-Kulten beeinflußt. Endlich nun gab es mit Prajnaparamita, dem weiblichen Buddha der Transzendenten Weisheit, auch ein weibliches Vorbild, andere weibliche Identifikationsfiguren folgten.

Schließlich spielen bei der Aufspaltung auch Sprachprobleme eine Rolle, auf die Trevor Ling hinweist:

„Die Buddhisten der Mahayana-Schule waren es, die dazu tendierten, das Sanskrit zum Medium ihrer neuen Schriften und Kommentare zu machen, während die Theravadins am Pali festhielten. Das Mahayana übernahm das Sanskrit, die Prestige-Sprache für intellektuelle Gespräche im brahmanischen Indien, von ganzem Herzen. In ihrem Dialog mit den Brahmanen waren auch sie jetzt bereit, neue Götter zum Pantheon zuzulassen, und zwar als Untergebene Buddhas, den die Mahayanisten inzwischen zunehmend als wenigstens quasi-göttlich betrachteten. Später wurden die neuen Götter, zu denen nun auch Göttinnen hinzukamen, mit den Bodhisattvas identifiziert, nachdem sich diese Doktrin voll entwickelt hatte und die Bodhisattvas von den Mahayanisten als himmlische Wesen anerkannt worden waren."

Die dritte Epoche:
Tantrismus oder Das Diamant-Fahrzeug

Die Wiederannäherung des Buddhismus an den Brahmanismus führte schließlich – etwa seit dem 2. Jahrhundert in Bengalen und Assam, seit dem 6. Jahrhundert in Nordindien – zur Ausbildung des Fahrzeugs der Tantra-Texte, auch Diamant-Fahrzeug genannt.

Diese Lehre hatte ihren Höhepunkt in der Pala-Dynastie in Bengalen und kam schließlich auch nach Tibet.

Die Verbindung zum Mahayana liegt in der Vorstellung, daß die Welt nur „Maya", Schein, sei und als letzte, einzige Realität die Leere angesehen werden müsse.

Der Tantrismus betont drei Bereiche des Menschen: Geist, Körper, Sprache. Von allen drei Bereichen her soll Einfluß auf die kosmischen Kräfte gewonnen werden.

Tantra heißt wörtlich Gewebe, Faden. Weben und Gewebe sind Metaphern für die Beziehungen zwischen allen Wesen und Dingen des Kosmos.

Von Glasenapp hat die Quintessenz so formuliert:

„Die eigentliche Grundlage der tantristischen Weltanschauung ist die intuitive Einsicht, daß das Universum mit der Totalität seiner Erscheinungen ein Ganzes bildet, in dem, da unsichtbare Fäden selbst das kleinste Ding mit dem ewigen Grund der Welt verbinden, das kleinste Element das größte beeinflussen kann."

Die Mantras, ein wichtiges Element des Tantrismus, sind Silben und Sätze ohne Sinngehalt, die einem Adepten in einer fortgeschrittenen Stufe von seinem geistigen Lehrer gegeben werden. Sie bilden gewissermaßen die Zauberschlüssel, um den Raum des Absoluten aufzuschließen. Daneben kennt der Tantrismus rituelle Gesten (Mudra), um die Wirksamkeit der Mantras zu verstärken.

Im Grund wird eine komplizierte rituelle Situation herzustellen versucht, um den Durchbruch zum Absoluten zu schaffen. Ein Kultgegenstand für solche Rituale und zugleich eine Metapher für das, was geschehen soll, ist das Diamantzepter. Es ist abgeleitet vom Blitz Indras, der die Dunkelheit vernichtete.

Es verweist auf „das vom Ich gelöste, völlig selbstlos gewordene Bewußtsein", auf die „demantene Unzerstörbarkeit der innersten Natur des Menschen", auf „die Mitte aller Mitten".

Anders beschrieben: In einem Zustand der Versenkung soll auf magische Weise der Weg in die Leere und zur Erlösung aufgehellt, also erkannt werden.

Der Tantrismus erfuhr seine besondere Ausprägung in Tibet, wo vor Einführung des Buddhismus ein schamanisches Glaubenssystem (siehe Stichwort „Schamane" im Anhang) bestand, das „Bön" hieß. Der alte und der neue

Glaube beeinflußten und durchdrangen sich wechselseitig und schufen eine Gesellschaft, deren Ideal die geistige Befreiung, die Erforschung der kosmischen Ordnung war, und eben das könnte man als die Aufgabe der bis zum Einfall der Chinesen herrschenden Klasse der Lamas bezeichnen.

Die marxistischen Chinesen kritisierten die Lamas als fette und faule Aristokraten. Viele Tibeter sahen es wesentlich anders:

„Für sie waren", schreibt der Amerikaner Walt Anderson, „die Lamas Erforscher des Universums, was sie taten, war Arbeit und hatte damit seinen Preis. Astronauten und Ingenieure (in den USA) tun nach unserem Dafürhalten nichts anderes. Die Tibeter machten ihre Lamas zu den Herrschern des Landes, wir Amerikaner wählten ehemalige Astronauten in den Senat."

Aus der marxistisch-materialistischen Sicht der Maoisten war das traditionelle tibetische System das einer Herrschaft des Aberglaubens. Ihre Eroberungspolitik rechtfertigten die Chinesen mit dem Hinweis, sie hätten das Land von Parasiten befreit. Tatsächlich haben große Teile der tibetischen Bevölkerung 1959 den Dalai-Lama geschützt; mit einer Mauer aus an die 30000 Menschenleibern umgaben sie seinen Sommerpalast, als der chinesische Stadtkommandant von Lhasa versucht hatte, den Mönchskönig samt seiner Leibwache und seinen Ministern gefangenzunehmen.

In der Folge dieser Ereignisse gingen Tausende von Tibetern mit dem Dalai-Lama ins Exil.

Unter ihnen befand sich auch Tchögyam Trungpa (geboren 1937), Oberhaupt und höchster Abt der Surmang-Klöster im Südosten Tibets. Er studierte in England Psychologie und Religionswissenschaften, wurde später in

Schottland Leiter des ersten tibetischen Klosters in Europa. Er gründete dann in Boulder, Colorado, das Naropa-Institut, eine buddhistische Universität in den USA, und „Vajradhatu", eine Organisation, die inzwischen mehr als siebzig Meditations- und Studienzentren in den USA, Kanada und Europa unterhält. Durch Trungpas Aktivitäten und seine Veröffentlichungen gewann in den sechziger und siebziger Jahren ein tibetisch-tantrisch getönter Buddhismus viele Anhänger in Europa und Amerika.

Man kann schon heute sagen, daß bei dieser neuen Welle der Ausbreitung des Buddhismus in der westlichen Welt neben der eindrucksvoll moralische Autorität ausstrahlenden Persönlichkeit des Dalai-Lama der in seiner persönlichen Lebenshaltung viele Fragen aufgebende Tchögyam Trungpa und der amerikanische Dichter Allan Ginsberg publizistisch eine ähnlich wichtige Rolle gespielt haben wie Daisetz Teitaro Suzuki bei der Vermittlung des Zen-Buddhismus nach Deutschland und in die USA in den zwanziger und in den fünfziger Jahren.

Wichtig für die Vermittlung des Buddhismus zwischen Asien und Amerika war auch Roshi Philip Kapleau, geboren in Boston 1912 und später Journalist bei den Nürnberger Prozessen, der 1950 bei Dr. Daisetz Suzuki an der Columbia Universität buddhistische Philosophie zu hören begann und 1953 nach Japan ging, wo er fünf Jahre Zen praktizierte und schließlich von seinem Lehrer Yastani-Roshi ordiniert wurde. 1966 kehrte er in die USA zurück und gründete dort das Rochester Zen-Zentrum. Vor allem das Nachwort in seinem 1989 erschienenen Buch „Zen Merging of East and West" scheint mir persönlich als eine, für aus dem westlichen Kulturkreis stammende Leser mögliche Annäherung an den Buddhismus.

Von den Katastrophen unserer Zeit noch stärker selbst betroffen war der Jesuit Hugo Lassalle (1898–1990), der sich Hugo M. Enomiya Lassalle nannte.

Er war Lehrer für deutsche Sprache an der Sophia-Universität in Japan und arbeitete als Sozialarbeiter in den Slums. Er hielt sich beim Abwurf der Atombombe in Hiroshima auf, wurde verletzt und strahlengeschädigt. Er wurde schließlich in Kamakura bei Tokyo ein anerkannter Zen-Meister und war maßgeblich an der Errichtung der Weltfriedenskirche in Hiroshima beteiligt. Seine Arbeiten schlagen eine Brücke zwischen dem Zen-Buddhismus und der christlichen Mystik.

Zum Tantrismus gehört auch das Mandala: Ein Bild von einem heiligen Bezirk, ein Kreis, ein konzentriertes Diagramm oder eine um ein Zentrum geordnete Gruppe von Dingen, Ideen, Symbolen, göttlichen oder menschlichen Gestalten, kosmischen und irdischen Gestaltungsprinzipien.

Ein Lama unserer Zeit, Anagarika Govinda, beschreibt das Mandala als ein

„bildhaftes und geometrisch-abstraktes konzentrisches Meditationsschema, in dem die Vorstellungsinhalte schauender Versenkung in Form von Symbolen, heiligen Silben ... angedeutet werden. Es ist auch der Kreis der Beschwörung, in dem alle Willens- und Seelenkräfte einem Grundmotiv untergeordnet und somit zu einer höheren Potenz erhoben werden. Und ebenso ist es der schützende Kreis der Andacht und Hingabe, der Schutzwall heilsamer Gedanken, echter Bemühungen und einer auf die innere Mitte gerichteten Achtsamkeit."

Man könnte sagen: Mandalas seien Atlanten von spirituellen Reichen, Fahrpläne für transzendentale Abenteuer und Suchfahrten.

Daneben hat das Wort in der tantristischen Tradition noch andere Bedeutungen: Die Beziehung des Menschen zur Außenwelt, ihre Wahrnehmung, nennt man das äußere Mandala, seine Einstellung zum Körper das innere

Mandala, seine Beziehung zu seinen Gefühlen das geheime Mandala.

Tantrismus stellt auch in den Klöstern des tibetischen Buddhismus meist eine späte Stufe des Lernens dar. Der Mönch lernt dabei

„die Alltagswirklichkeit durch eine absichtlich herbeigeführte Veränderung des Bewußtseins umzuwandeln".

Das Wunder des Kosmos soll im Alltäglich-Realen wiederentdeckt werden. Dahinter steckt die Strategie, so die Ablenkung durch das Alltäglich-Reale zu überwinden.

Vielen erscheint der Tantrismus als eine Verfallsform des Buddhismus. Er hat aber durch seine Esoterik und die Aura des Geheimnisvoll-Magischen auch immer wieder eine große Anziehungskraft auf Menschen der westlichen Welt ausgeübt. Letztlich ist es diese Strömung des Buddhismus, aus der die Gestalt des „Guru" (zunächst bedeutet das Wort nichts anderes als „geistiger Lehrer") hervorgegangen ist ... des Guru, der bis in unsere Tage in Nordindien eine für jede Familie vertraute Figur des Alltags darstellt, der Mensch, mit dem man seine spirituellen Probleme besprechen kann.

Wir hingegen denken, wenn dieses Wort fällt, eher an eine mit einer Aura von Fragwürdigkeit umgebene Gestalt, jemand, der aus dem Wunderglauben der Menschen und ihrem Bedürfnis nach exotischen Ritualen geschickt Kapital zu schlagen versucht. Das allerdings ist genau die Perversion der ursprünglichen Bedeutung.

Sätze, die vielleicht mit westlichen Worten am klarsten beschreiben, worum es beim Tantrismus geht, habe ich bei Gary Snyder gefunden, einem amerikanischen Poeten und Völkerkundler aus der Beat-Generation, der sich sehr ernsthaft mit Buddhismus beschäftigte, ja eine Zeitlang sogar in einem japanischen Zen-Kloster lebte. Er schreibt:

„Körper, Sprache und Geist. Das ist für mich fundamentaler Buddhismus; fundamental für das Dasein selbst, und Buddhismus handelt vom Dasein. Die drei Dinge, die uns am nächsten sind – unser Körper, unser Geist und unsere Sprache –, sind die drei Dinge, über die wir am wenigsten wissen, denen wir am wenigsten Aufmerksamkeit schenken, die wir unser Leben lang zu den verschiedensten, relativ eingeschränkten Zwecken als Werkzeuge benutzen, das Überleben eingeschlossen, wobei wir der Tatsache, daß dies alles selbständig existiert, nur sehr wenig Beachtung schenken. Eine einfache Botschaft der Lehre ist, daß ein großer Teil der Pein, der Leiden, der Verwirrung und der Widersprüche, die man in seinem Leben erfährt, einfach daher kommt, daß man dem keine Beachtung schenkt, was einem von Anfang an am nächsten steht und was man richtig gebrauchen müßte: Körper, Sprache und Geist."

Die vierte Epoche: Ch'an oder Zen

Ch'an ist die chinesische Form des Sanskrit-Wortes „Dhyana", was Meditation bedeutet. Das Wort veränderte sich weiter in „Zen", als die Lehre Japan erreichte. Sie ist auch als Hsin-tsung, d. h. Bewußtseinslehre, bezeichnet worden, was hier nicht das Bewußtsein von jedermann bedeutet, sondern das des Buddha. Diese Lehre will also ergründen, wie das Bewußtsein des Buddha ausgesehen hat.

Meditation ist von Patanjali, dem Autor der Yoga-Sutras, als der beständige Fluß von Gedanken auf einen Gegenstand der Konzentration hin beschrieben worden. Genau so sehen es die Zen-Praktizierenden nicht an. Für sie ist Meditation vielmehr eine lange andauernde oder beständige Anstrengung des Bewußtseins, um in jene Bereiche einzudringen, die uns antreiben zu leben, um damit zu einer erhöhten Intensität der Wahrnehmung zu gelangen. Es kann sich dabei nicht bloß um das Denken handeln, denn Denken ist immer direkt oder indirekt mit der Außenwelt, der Umgebung verbunden und mit den Sinnen, selbst dann, wenn es als abstraktes Denken vor sich geht.

Die Mönche, die Ch'an entwickelten, waren einsame Männer, die ein Leben in Übereinstimmung mit der Natur führen wollten, die darauf aus waren, Frieden und Gleichmut zu erlangen und eine Öffnung der Intuition. Sie besaßen keine Tempel, aber einige von ihnen hatten Anhänger und Schüler. Im Laufe der Zeit begannen Klöster der verschiedenen Richtungen diese Männer hoch zu schätzen und machten sie zu Äbten. Erst danach kamen ausgesprochene Ch'an- Klöster und Tempel auf. Selbst in der nahen Vergangenheit gab es in China (wenigstens bis vor dem Sieg Maos) viele isoliert lebende und unabhängige Ch'an-Meister. Es war immer ein Zug des Ch'an Praktizierenden, körperliche Arbeit zu leisten. Andererseits kümmerten sich die frühen Ch'an-Meister wenig um die buddhistische Literatur, die strikte, schematisierte Anweisungen für die Meditation gab.

Die Vermittlung von buddhistischen Gedanken, die zur Ch'an-Schule führte, geschah vor allem durch Bodhidharma (470–543?), der um 520 nach China kam. In der Hauptstadt Chien K'ang wurde er aufgefordert, dem Kaiser die Grundzüge des Buddhismus zu erklären. Der Herrscher soll sehr verwirrt und unbefriedigt gewesen sein, als er zur Antwort erhielt: „Das bloße Nichts."

Schon einige Zeit zuvor – wahrscheinlich um 401 nach Christus – hatte ein gewisser Kumarajiva, der aus einer adligen Familie aus Kucha im heutigen Sinkiang stammte, zunächst die Lehren des Hinayana studiert, war dann aber Anhänger des Mahayana geworden. In Ch'ang, dem heutigen Xi'an hatte er angeblich mit der Hilfe von achthundert Mönchen buddhistische Texte ins Chinesische übersetzt.

Der Kult des Ch'an erreichte in China seine Blüte zur Sung-Zeit (10.–13. Jahrhundert), meist in den weniger gebildeten Schichten der Gesellschaft. Ch'an oder Zen wurde zum besonderen Buddhismus für China, weil es dem chinesischen Bewußtsein immer mehr gefällt, sich mit den Dingen zu beschäftigen wie sie sind, als darüber zu spekulieren, wie sie sich von dem, was sie scheinen, unterscheiden.

Es wird nicht angenommen, daß Ch'an-Meditation etwas aufdeckt, was nicht vorher auch schon gesehen wurde. Vielmehr sollte sich dabei ein Kontakt mit der Ganzheit des Gegenstandes herstellen.

Für Anhänger des Zen-Buddhismus ist eine Episode aus dem Leben des Buddha besonders wichtig. In ihr sehen sie eigentlich den Anfang der Bewußtseinshaltung im Zen: Nachdem der Buddha seine Erleuchtung erlebt hatte, waren die wesentlichsten Punkte seiner Einsicht nicht mitteilbar, weil es keine Vergleiche gab. Schulisches war vorher weder gedacht noch gefühlt worden.

Der Vorfall, durch den besondere Aufmerksamkeit auf diesen Umstand gelenkt wurde und bei dem die Schülerschaft zugleich einen Hinweis erhielt, wie die Festung „Erleuchtung" direkt zu stürmen sei oder wie man sie durch Meditation erobern könne, ereignete sich, als der Buddha eine Blume hochhielt und sie ansah. Als dies sein Schüler Mahakaschyapa bemerkte, lächelte er auf eine ganz bestimmte Weise. Er war plötzlich erleuchtet worden.

Es war eine Art von Erleuchtungserlebnis, wie man es später in China als „Wu" und in Japan als „Satori" zu bezeichnen pflegte. Danach soll der Buddha zu Mahakaschyapa gesagt haben:

„Das dem Dharma zugrunde liegende Dharma hat kein Dharma.

Das Dharma des Nicht-Dharma ist auch Dharma.
Nun, da das Dharma des Nicht-Dharma übermittelt worden ist,
hat es da je ein Dharma gegeben?"

Diese Verse des Buddha stellen das erste „Koan" (eine der beiden Übungspraktiken im Zen) dar. 572 nach Christus wurde der Mahayana-Buddhismus nach Japan gebracht. Er stieß zunächst auf den Widerstand der Anhänger des älteren Shinto-Glaubens, erhielt aber bald Unterstützung durch die japanischen Herrscher.

Als offizielles Datum für den Beginn von Zen in Japan, der sich aus dem Mahayana entwickelte, wird das Jahr 1191 angegeben, in dem Dengyo Daishi, der die Tendai-Schule gegründet hatte, nach China geschickt wurde, um den Buddhismus zu studieren, und mit Kunde von „Ch'an" zurückkam. Wahrscheinlich aber geschah die Vermittlung von China nach Japan noch wesentlich früher, und wir haben hier nur eine Art Ursprungslegende vor uns.

Ziel des Zen ist letztlich die Erleuchtung. Die japanische Bezeichnung dafür lautet Satori.

Wenn eine Erfahrung sich geistig oder gefühlsmäßig direkt beschreiben läßt, ist sie nicht Satori. Alle Definitionen sind nur Hilfskonstruktionen. Eine solche wäre beispielsweise: die eigene wesentliche Natur sehen, etwas ganz Neues finden, das mit großer Klarheit begriffen wird und das ganze Leben erleuchtet.

Mit Satori hängt zusammen „Wu-wie" oder „Mui", das Nichthandeln, wozu auch das Nichthandeln in Gedanken und Bewußtsein gehört.

Auf Satori hin bewegt man sich durch Meditation. Die unterschiedlichen Techniken, die dabei angewandt werden, zielen alle entweder auf eine völlige Beruhigung des Bewußtseins, also auf seine Entleerung, ab oder auf den

„Sprung in die Dunkelheit", was auch nur ein anderes Wort für das Nirvana ist.

Innerhalb des japanischen Zen-Buddhismus gibt es zwei große Schulen, Rinzai und Soto. Der Unterschied läßt sich schwer beschreiben, ohne weiter auszuholen. Provisorisch ließe sich sagen, Rinzai habe einen „harten", Soto einen „weichen" Stil. Soto benutzt keine Koane. Die Annäherung an Satori vollzieht sich in Stufen, während Rinzai von der „Plötzlichkeit" der Erleuchtung überzeugt ist.

Sowohl die Soto- wie auch die Rinzai-Schule betonen die Wichtigkeit von Zazen, des meditativen Sitzens. Sitzen soll zu „ruhiger Aufmerksamkeit" führen.

„Das Sitzen in der echten Haltung, das Sitzen in der Stille, das Sitzen in Versenkung: das ist Za-Zen",

schreibt Dürckheim.

Eine andere Methode, zum Satori zu gelangen, ist der Gebrauch des Koan. Sie geht auf Hakuin (1685–1768) zurück. Hakuin hat unter anderem auch ein für das Verständnis buddhistischen Bewußtseins sehr wichtiges Gedicht verfaßt, das lautet:

„Jeder Mensch im Wesen Buddha.
Die Menschen sind in ihren tiefsten Wesen Buddha,
Wie Wasser Eis ist. Und wie es kein Eis gibt
Ohne Wasser, so gibt es ohne Buddha
Nicht einen Menschen.
Wehe den Menschen, die in weiter Ferne suchen
Und, was nahe liegt, nicht wissen!
Sie gleichen denen, die mitten im Wasser stehen
Und doch nach Wasser schreien.
Als Söhne des Reichsten und Vornehmsten geboren,
Wandeln sie gleichwohl in Armut und Elend
Trostlos dahin."

Es fällt nicht leicht, rational zu erklären, was ein Koan ist. Aitken Roshi hat die Koane die „Folklore des Zen" genannt. Snyder spricht von „Gedichten, Anekdoten oder Rätseln" und fährt fort:

„Dieser Folklore wenden wir uns wieder und wieder zu; mit Hilfe eines Lehrers erfahren wir uns selbst, und wir sind begünstigt von der Weisheit derer vor uns, dem Sangha. (...) Ich glaube, daß Mythologien und Folklore die Koane der Menschheit sind, daß sie für die gesamte Menschheit Vorstellungen speichern, um immer wieder darauf zurückzukommen und einen weiteren Sprung in eine wirkliche Gemeinschaft zu tun."

Koan und Folklore als jene Bereiche, in denen sich das Sinn-Wissen der Menschheit bewahrt – jemandem, der wie der Autor dieses Buches Märchen sammelt und liebt, leuchtet eine solche Vorstellung ein. Das wäre ein sozial-menschheitsgeschichtlicher Aspekt, der von der buddhistischen Erfahrung des Zusammenhangs vom Kleinsten mit dem Größten ausgeht. Er verdeutlicht, warum es Folklore gibt, er erklärt, warum sich viele von uns von ihr angezogen fühlen.

Aber zurück zum Koan selbst: Als „Knoten der Psyche, als Wege, das Dharma zu entwirren", wird das, was in ihm angelegt ist, umschrieben. Man könnte sagen, es sei eine Aufgabe, mit der bezweckt werde, den Schüler ins Nichts zu versetzen, ihm durch Paradoxe einen Fingerzeig zu geben, wie er zur erleuchteten Sicht, zur Welt des Wahren-Wesens, des Buddha-Wesens, gelangt.

Michael Diener schreibt erklärend im „Lexikon der östlichen Weisheitslehren" dazu:

„Das Koan ist kein ‚Rätsel', da es nicht mit dem Verstand zu lösen ist; zu seiner Lösung bedarf es eines Sprungs auf eine andere Ebene des Begreifens, nämlich in eine Welt jenseits aller logischen Widersprüche und dualistischen Denkweisen."

Am besten läßt sich das noch demonstrieren, indem man ein Koan und seine „Verarbeitung" vorführt.

Ein für das Wesen der Gattung bezeichnendes Koan hat als Voraussetzung ein chinesisches Sprichwort:

„Mit einer einzelnen Hand kann man nicht klatschen."

Und das dazugehörende Koan von Hakuin:

„Welches Geräusch macht eine Hand allein?"

Eugen Herrigel, meiner Meinung nach der beste Interpret von Zen im deutschen Sprach- und Kulturraum, beschreibt den möglichen Gedankengang bei der Verarbeitung eines Koan so:

„Stunden-, tage-, wochenlang meditierend bebrütet der Schüler seine Aufgabe. In tiefster Konzentration durchdenkt er das Problem nach allen Richtungen und Möglichkeiten. Es wird ihm ohne weiteres klar: Da ein Ton nur von zwei gegeneinander bewegten Händen hervorgebracht werden kann, kann die Antwort nur lauten: Den Ton einer einzigen Hand kann auch beim besten Willen niemand hören. Aber so einfach kann die Lösung nicht sein. Muß nicht – vorsichtiger – gesagt werden: Einen für menschliche Ohren vernehmbaren Ton erzeugt eine einzelne Hand nicht? Aber damit kommt man nicht weiter. Auf Ton und dessen Hörbarkeit kann der Akzent offenbar nicht liegen. Das scheint vielmehr Beiwerk zu sein, das Problem komplizierter zu machen. Der Kern der Sache ist offenbar: Was bedeutet eine Hand im Unterschied zu zweien? Läuft das nicht auf fundamentale Unterscheidungen zwischen gegensatzlos Einem und Zweiheit des Entgegengesetzten hinaus? Also die eine Hand Symbol eines Prinzips – diese Lösung empfiehlt sich offenbar schon deshalb, weil eine solche Unterscheidung im Buddhismus eine entscheidende Rolle spielt, von der so oft die Rede ist. Mit dieser Lösung scheint also Entscheidendes getroffen.

Der Schüler geht also zum Meister. Er hat ja das Recht, einmal am Tag ihn zu befragen. Er trägt seine Lösung begeistert und stolz vor. Der Meister hört ihn an, schüttelt den Kopf und schickt den Verwirrten ohne ein Wort der Erklärung in die Meditationshalle zurück. Es kann aber auch sein, daß er ihn überhaupt nicht zu Wort kommen läßt und wegschickt, kaum hat er die Türe geöffnet. Der Schüler, sich selbst überlassen, beginnt von neuem, sich zu konzentrieren ..."

Übrigens ist natürlich diese Erklärung, die hier Herrigel für die Arbeit mit dem Koan gibt, sehr europäisch, rational, dies aber wahrscheinlich ganz bewußt.

Man könnte einem Schüler auch erklären, daß es das Klatschen der einen Hand sehr wohl gibt, daß er es sich vorstellen muß, und kann er es sich vorstellen, dann eben macht er damit intuitiv und nicht rational eine ganz wichtige Erfahrung im Bereich des Dualismus-Problems, auf das auch Herrigel verweist.

Aber das Entscheidende wäre eben, daß diese Erfahrung auch jenseits der Gegensätze im Rationalen gemacht wird, daß im Vorgang des Nachgrübelns der Dualismus als aufgehoben erfahren wird.

Freilich steckt hinter dem Verhalten des japanischen Zen-Meisters gegenüber seinem Schüler auch der Gedanke, daß man Erfahrungen kaum vermitteln kann, sondern sie selbst machen muß.

Sich mit der für einen westlichen Menschen häufig irritierenden Härte der Zen-Lehrer auseinandersetzend, schreibt Allan Watts:

„Der Meister ist für das Karma des Schülers verantwortlich. Der Schüler seinerseits hat dem Meister absoluten Gehorsam zu leisten und seine Autorität anzuerkennen, und hat ihn höher in Ehren zu halten als selbst seinen Vater – und das bedeutet in asiatischen Ländern viel."

Übrigens waren es in Japan die Samurai, die Ritter und Krieger mit ihrer strikten Standesehre, die sich am meisten vom Zen angezogen fühlten.

„Ich glaube", erläutert Alan Watts, „man kann sagen, daß die Anziehungskraft von Zen für die Samurai-Kaste in dessen Kraft bestand, ein extrem empfindliches Selbstbewußtsein, das ihnen als Kindern schon beigebracht wurde, aufzuheben. Teil dieses Selbstbewußtseins ist der japanische Zwang, mit sich selbst zu konkurrieren, ein Zwang, der jedes Handwerk, jede Fähigkeit in einen Marathon von Selbstdisziplin verwandelt. Obwohl die Attraktivität von Zen in der Möglichkeit der Befreiung vom Selbstbewußtsein liegt, treibt die japanische Version von Zen den Teufel mit dem Beelzebub aus und überwindet das Selbst, das das Selbst beobachtet, indem es dieses in eine Intensität versetzt, in der es explodiert."

Über Zen gibt es kein Ende. Wenn man glaubt, wenigstens begriffen zu haben, um was es geht, sich von ihm entfernt und nach Jahren sich abermals mit ihm beschäftigt, ist es wiederum ein Wunder. Ein Wunder – fremdartig und doch, wenn man Energie aufwendet, ein erschließbares Wunder, ein Wunder auch, weil man eine Lebendigkeit im Bewußtsein dabei verspürt wie sonst bei kaum etwas.

Zum Schluß noch ein Koan zum Bedenken auf den Weg:

„Wenn ihr auf der Straße einen trefft, der die Erleuchtung erlangt hat, dürft ihr an ihm weder sprechend noch schweigend vorübergehen. Nun sagt: Wie wollt ihr ihm dann begegnen?"

Über eine solche Geschichte kann man Monate und Jahre nachdenken. Sie ist der Köder in ein Labyrinth, aber am Ende lockt Satori. Aber selbst, wenn man das Ende nicht erreicht: Was gibt es nicht alles unterwegs zu entdecken?

28.
Schlußbemerkung

Einige Sätze für diejenigen, die nach dem Sinn dieses Buches fragen, nach seiner Eigenart angesichts der vielen anderen Bücher über den Buddhismus:

„Die Wahrheit ist nicht das Geheimnis weniger
doch
könnte man es manchmal meinen
bei der Art,
wie manche Experten, Professoren und
speziell Museumsdirektoren sich benehmen,
sie hätten eine Ecke für sich
reserviert.
Diese Art, wie sie herumstolzieren und ihre
hehren Häupter schütteln und
glotzen, als müßten sie
niemals ins Bade-
Zimmer oder sowas …“

Lawrence Ferlinghetti

„Sei auf der Hut, vor allem was Freiheit oder Erleuchtung verspricht – Fallen für eifrige und schlaue Narren. Drei Viertel von Philosophie und Literatur bestehen aus dem Geschwätz von Leuten, die versuchen, sich selbst davon zu überzeugen, daß sie den Käfig lieben, in den sie hineingelockt wurden.“

Gary Snyder, Landschaften des Bewußtseins

29.
Bibliographie

Diese Liste stellt nur eine Auswahl dar. Erwähnt sind hier vor allem jene Bücher, die ich zur Erstellung des Manuskriptes benutzt und aus denen ich zitiert habe.

Aitken, Robert: Taking the Path of Zen, Berkeley 1982.

Aitken, Robert: Encouraging Words. Zen Buddhist Teachings for Western Students, New York u. San Francisco 1993.

Anderson, Walt: Der Tibetanische Buddhismus als Religion und Psychologie. Eine Einführung aus westlicher Sicht, Bern u. München 1979.

Atharwaweda, übertragen von Friedrich Rückert, Friedrichssegen/Lahn o. J.

Bechert, Heinz u. Gombrich: Die Welt des Buddhismus, München 1984.

Bercholz, Samuel u. Chödzin Sherab (Hrsg.): Ein Mann namens Buddha – Sein Weg und seine Lehre, Bern, München, Wien 1994.

Bradbury, Ray: Zen in der Kunst des Schreibens, Basel 1987.

Buksbazen, John Daishin: To forget the Self. An Illustrated Guide to Zen Meditations, Los Angeles 1977.

Cleary, Thomas: Zen Lessons. The Art of Leadership, Boston u. Shaftesbury 1989.

Conze, Edward: Eine kurze Geschichte des Buddhismus, Frankfurt/Main 1984.

Dalai Lama: Das Auge der Weisheit. Grundzüge der buddhistischen Lehre für den westlichen Leser, Bern, München, Wien 1975.

Dalai Lama: Die Vorträge in Harvard, Grafing 1991.

Dalai Lama: Im Einklang mit der Welt, Bergisch Gladbach 1993 .

Dalai Lama: Gesang der inneren Erfahrung. Die Stufen auf dcm Pfad zur Erleuchtung, Hamburg 1993.

Die Lehrreden des Buddha aus der Angereihten Sammlung, Band I – V, Freiburg i. Br. 1984.

Dogen, Eihei: Shobogenzo Zuimonki, Unterweisung zum wahren Buddha-Weg, aufgezeichnet von Koun Ejo, Zürich u. München, 1992.
Dürckheim, Karlfried Graf (Hrsg.): Die wunderbare Kunst einer Katze und andere Zen-Texte, Sonderdruck o.J.
Dürckheim, Karlfried Graf: Zen und wir, Bern, München, Wien 1982.
Dumoulin, Heinrich (Hrsg.): Buddhismus der Gegenwart, Freiburg i. Br. 1970.
Epstein, Mark: Gedanken ohne den Denker – Das Wechselspiel von Buddhismus und Psychotherapie, Frankfurt/Main 1996.
Evan-Wentz, W. Y.: Yoga und Geheimlehren Tibets, München 1937.
Gampopa: Juwelenschmuck der geistigen Befreiung. Das Buch des tibetischen Buddhismus, München 1898.
Glasenapp, Helmuth von (Hrsg. u. Übersetzer): Pfad zur Erleuchtung. Buddhistische Grundtexte, Köln u. Düsseldorf 1984.
Govinda, Lama Anagarika: Mandala, der heilige Kreis. Stufen der Meditation, Bern 1984.
Grimm, Georg: Die Lehre des Buddha. Die Religion der Vernunft, München 1922.
Grousset, René: Die Reise nach dem Westen oder Wie Hsüan Tsang den Buddhismus nach China holte, Köln 1986.
Herrigel, Eugen: Der Zen-Weg, München 1981.
Humphreys, Christmas: Karma and Rebirth, London 1983.
Humphreys, Christmas: Buddhism. An introduction and guide, London 1951.
Humphreys, Christmas: Zen Buddhism, London 1988.
Immoos, Thomas: Ein bunter Teppich. Die Religionen Japans, Graz 1990.
Kalupahana, David J. & Indrani: The Way of Siddharta. A Life of the Buddha, Boulder u. London 1982.
Kapleau, Philip (Hrsg.): Die drei Pfeiler des Zen, Weilheim 1979.
Kapleau, Philip: Zen Merging of East and West, New York 1989.
Keno, Yoshida: Betrachtungen aus der Stille, Frankfurt/Main u. Leipzig 1991.
Kennedy, Alex: Was ist Buddhismus?, Bern 1987.
King, Francis: Tantra The Way of Action. A Practical Guide to its Teachings and Techniques, Rochester, Vermont 1986.
Leggett, Treevor: The Warrior Koans. Early Zen in Japan, London u. Boston 1985.

Lehmann, Johannes: Buddha – Leben – Lehre – Wirkung. Der östliche Weg zur Selbsterlösung, München 1980.

Lexikon der östlichen Weisheitslehren-Buddhismus, Hinduismus, Taoismus, Zen, Bern 1994.

Ling, Trevor: Die Universalität der Religion. Geschichte und vergleichende Deutung, München 1968.

Lingwood, Dennis: Das Buddha-Wort, das Schatzhaus der ‚heiligen Schriften'. Eine Einführung in die buddhistische Literatur, Bern 1992.

Müller, Claudius C. u. Raunig, Walter: Der Weg zum Dach der Welt, Frankfurt/Main u. Innsbruck o.J.

Radcliff, Amy und Benjamin: Zen denken – Ein anderer Weg zur Erleuchtung, Herder-Spektrum 4396.

Reichle, Verena: Die Grundgedanken des Buddhismus, Fischer-Taschenbuch 12146.

Rahula, Walpola: Was der Buddha lehrte, Bern 1982.

Schumann, Hans Wolfgang: Buddhismus. Stifter, Schulen und Systeme, Olten u. Freiburg i. Br. 1976.

Schumann, Hans Wolfgang: Der historische Buddha, Köln 1982.

Sekida, Katsuki: Zen-Training, Herder-Spektrum 4184.

Seidl, Achim: Das Weisheitsbuch des Zen. Koans aus dem Bi-Yän-Lu, München 1988.

Snelling, John: The Elements of Buddhism, Longmead, Shaftesbury, Dorset 1990.

Snyder, Gary: Landschaften des Bewußtseins. Gespräche und Reden, München 1984.

Stevens, Wallace: Der Planet auf dem Tisch. Ausgewählt u. übersetzt von Kurt H. Hansen, Stuttgart 1983.

Suzuki, Daisetz Teitaro: Leben aus Zen, Frankfurt/Main 1982.

Suzuki, Daisetz Teitaro: Wesen und Sinn des Buddhismus – Ur-Erfahrung und Ur-Wissen, Herder-Spektrum 4197.

Thich Nhat Hanh: Die fünf Pfeiler der Weisheit – Liebe, Achtsamkeit und Einsicht – der buddhistische Weg für den westlichen Menschen, Bern 1995.

Thich Nhat Hanh: Lächle deinem eigenen Herzen zu – Wege zu einem achtsamen Leben, Herder-Spektrum 4370.

Thich Nhat Hanh: Zeiten der Achtsamkeit, Herder-Spektrum 4492.

Trungpa, Tchögyam: Das Spiel der Illusion, Haldenwang 1980.

Watts, Alan W.: Beat Zen, Square Zen and Zen, San Francisco 1959.

Watts, Alan W.: Zen-Buddhismus. Tradition und lebendige Gegenwart, Reinbek 1961.

30. *Erklärung der wichtigsten buddhistischen Begriffe*

Achtfacher Weg: Die letzte der Vier Edlen Wahrheiten. Der Achtfache Weg nennt die Haltungen, die eingenommen werden müssen, um das Leiden zu überwinden. Dazu sind notwendig: Die Rechte Ansicht, der Rechte Entschluß, die Rechte Rede, das Rechte Verhalten, der Rechte Lebensunterhalt, die Rechte Anstrengung, die Rechte Achtsamkeit und die Rechte Meditation.

Atman: Nach hinduistischem Verständnis das Selbst, innerstes Wesen. Das, was nach westlicher Denkweise die Seele wäre. Nach den Upanischaden ist der Atman zwar das Selbst, die Seele, aber er ist nicht auf die Einzelperson begrenzt, sondern mit allem Atmans identisch: „Dieser dein Atman ist der in allem vorhandene Atman." (Brhadaranyaka-Upanischad 3,4,I).

Arahat: (Pali; Sanskrit: Arhat) Ein Heiliger, das Menschenideal in der Epoche während und unmittelbar nach Buddhas Tod.

Asket: (Sanskrit: Tapasvin) Ein Asket ist jemand, der durch sein Verhalten versucht, die Zukunft zu gestalten. Er will durch Selbsttortur geistig-magische Energie erzeugen. Eine der verschiedenen religiösen Befreiungsbewegungen, die ab dem 7. Jahrhundert v. Chr. in Indien als Reaktion zum brahmanischen Opferkult aufkamen.

Avidya: (Sanskrit) Unwissenheit. Sie aufzuheben ist eine Voraussetzung zum Verlöschen, also zur Aufhebung der Wiedergeburt.

Bhikkhu: (Pali; Sanskrit) Bhikshu Bettler, buddhistischer Mönch in Indien. Zu dem Unterschied des Mönchsstatus in Indien und China schreibt Gary Snyder: „Die kulturelle Einstellung zum Betteln war in China völlig anders als in Indien. Die chinesische Gesellschaft hatte für Bettler nichts übrig. Seit langer Zeit galten in Indien Geldspenden an Bettler als lobenswert und verdienstvoll, wodurch die Voraussetzungen bestanden, vom Betteln zu leben. Diese Unterschiede in der Sichtweise führten dazu, daß im Ch'an-Buddhismus sich die Forderung durchsetzte, jeder solle arbeiten. Heute arbeitet ein Zen-Mönch selbstverständlich auch körperlich."

Bodhi: (Pali und Sanskrit) Erwachen, Erleuchtung. Vollkommene Erkenntnis.

Bodhisattva: (Sanskrit) Wörtlich „Erleuchtungswesen". Im Mahayana-Buddhismus ein Wesen, das sich durch großes Mitgefühl auszeichnet. Es steht schon an der Schwelle des Nirvana, entscheidet sich aber für eine Existenz in der gewöhnlichen Welt, um anderen auf dem Weg zur Erleuchtung zu helfen.

Brahma: Schöpfergott. Der erste Gott der Hindu-Trinität von Brahma, Vishnu und Shiva.

Brahman: (Sanskrit) Das ewige, unvergängliche Absolute. In den Upanischaden: Wahrheit, Name des Absoluten. Zustand reiner Transzendenz. Ein Begriff, für den es in den dual aufgefaßten Religionen mit einem persönlichen Gott kein Äquivalent gibt.

Buddha: (Pali und Sanskrit) Wörtlich „der Erwachte". Ein Erleuchteter. Bezeichnung für den Siddharta Gautama nach seinem Erleuchtungserlebnis unter dem Bodhi-Baum. Shakyamuni Buddha, der historische Buddha, ist nicht der erste und einzige Buddha. In frühen hinayanistischen Texten werden sechs ihm in früheren Weltzeiten vorangegangene Buddhas erwähnt.

Ch'an: Chinesische Abwandlung des Sanskrit-Wortes Dhyana, das Meditation bedeutet. Das Wort veränderte sich, als die Lehre Japan erreichte, zu Zen.

Dhamma/Dharma, der: (Sanskrit/Pali) Wörtlich „tragen, halten". Umfassender Begriff für „das, was unser wahres Wesen ausmacht". Die Grundlage der menschlichen Moral und Ethik. Das kosmische Gesetz, die kosmische Ordnung. Die Lehre Buddhas, der dieses Gesetz erkannt und formuliert hat.

Diamant-Fahrzeug: Nach ihrem Symbol, dem Vajra oder Donnerkeil, benannte Schule des tantrischen Fahrzeugs, der Tantra-Texte. Die Dritte Drehung des Dharma-Rades.

Hinayana: (Pali) Kleines Fahrzeug. Bezeichnung für alle vor-mahayanischen Schulen. Hans Wolfgang Schumann erklärt mit einer anschaulichen Geschichte den Unterschied der beiden Fahrzeuge: „Der Hinayanin ist wie ein energischer Mann, der, vom langen Weg zwar müde, aber durch einen Wegweiser zu raschem Schritt angespornt, unter heller Sonne einem fernen Ziel zustrebt. Der Mahayanin gleicht einem reifen Mann, der sich ohne Hast in der Geborgenheit eines geräumigen Hauses bewegt, dem dunkel-bunte Porträts an den Wänden eine warme Atmosphäre geben. Wer sich dem ersteren Mann anschließen will, wird zum wackeren Mitschreiten aufgefordert werden. Der ältere Mann hingegen wird bitten, sich zu Hause und am Ziel zu fühlen, wird einladen zu einem Gespräch über die Aufgabe des Menschseins – und zu einer Tasse Tee."

Karma: (Sanskrit, Pali: Kamma) Wörtlich „Tat". Konsequenz aus geistigen oder körperlichen Handlungen.

Karma: (Sanskrit, Pali: Kamma) Lehre des Buddha (aber auch in der hinduistischen Religion), die besagt: Was du anderen zufügst, wird sich auf deine zukünftigen Inkarnationen (Wiedergeburten) auswirken. Dies gilt im Guten wie im Schlechten. Was du dir erarbeitest, wird dir zufallen. (Arbeiten wird aufgefaßt als Tätigkeit des Körpers und des Geistes, Handeln umfaßt Wort und Tat.) Dieser Vorgang ist wirksam von der Vergangenheit zur Gegenwart, aus der Gegenwart in die Zukunft. Ein Mensch wird also mit Charakter, Fähigkeiten, Temperament etc. geboren, die von der Nutzung seiner Eigenschaften und von seiner „Selbstverwirklichung" in einem früheren Leben herrühren. Die Umstände und Bedingungen seiner Wiedergeburt sind abhängig von seinen Handlungen in der Vergangenheit, und zwar gegenüber anderen und sich selbst. Das führt zu dem Körper, der Familie, dem Wohlstand oder der Armut, die der Mensch erhält. Aber diese Mitgift aus der Vergangenheit ist nicht bindend für ihn, zwingt ihn nicht zu einem bestimmten Handeln. Was der Betreffende unter den gegebenen Umständen seiner Wiedergeburt macht, hängt von ihm selbst ab – von seinem Charakter, seiner Willenskraft, seiner Ausdauer, seinen Vorlieben und Lieben, seiner Fähigkeit zum Denken. Da die Umstände seines Lebens aus Taten in der Vergangenheit herrühren, werden sie als angemessen und gerecht aufgefaßt.

Kanon: (griechisch) Regel. Zusammenfassung der in einem bestimmten Bereich geltenden Regeln. Im Bereich einer Glaubensgemeinschaft oder Kirche die als geltende Regeln bestimmten Schriften (kanonische).

Koan, das: von chinesisch kung-an, Bewußtseinsbildung. Eine Aufgabe, die der Zen-Meister dem Schüler aufgibt. Von der Art, daß sie gegen das Postulat der Logik verstößt. Es ist so, als würde man jemanden mit einer Leinwand konfrontieren, auf der offenbar durch bloßen Zufall Flecken entstanden sind, und würde dann den Betreffenden fragen: Was hat das zu bedeuten? Die Lösung muß durch Intuition gefunden werden. Ernest Wood schreibt in seinem „Zen Dictionary": „Alles verstandesmäßige Denken bedeutet, ein Ding über das andere setzen – etwas einem schon Vorhandenen hinzufügen. Nun, wenn man dir sagt, du sollst einen Dachboden unter einen Keller stellen, weißt du freilich nicht, wie du das anfangen sollst. Wenn nun aber die Person, die solches von dir verlangt, der Oberste Architekt des Universums ist ... oder dein Zen-Meister, was auf dasselbe herausläuft, wenn du in deinen Meister wahres Zen-Vertrauen setzt, dann versuchst du es eben und fährst fort, es zu versuchen, bis du endlich das Problem gelöst hast."

Karuna: Mitgefühl, Mitleid, Erbarmen, zärtliche Zuneigung. Alle Handlungen, die helfen, das Leiden anderer zu verringern. Eine Art kategorischer Imperativ für Buddhisten. Mit der Erleuchtung ist dieses Mitgefühl immer vorhanden.

Mahayana: (Sanskrit) Das Große Fahrzeug, entwickelte sich seit dem Zweiten Konzil (um 383 v. Chr.), prägte sich aber endgültig als Großer Weg etwa um 70 n. Chr. aus. Die Sprache des Großen Fahrzeuges ist Sanskrit.

Mandala, das: (Sanskrit) Wörtlich „Kreis, Bogen, Abschnitt". Ein magischer Kreis. Grundriß einer spirituellen Welt, Symbol kosmischer Kräfte oder eines Heilsweges im Mahayana-Buddhismus. Auch in anderen Kulturen (Persien) bekannt.

Mantra: (Sanskrit) Kraftgeladene Silbe oder Folge von Silben, die bestimmten kosmischen Kräften oder Aspekten des Buddha Ausdruck verleiht und als Schlüssel zum Bereich des Absoluten dienen sollen.

Maya: (Sanskrit) Wörtlich „Täuschung, Illusion, Zauberreiz, Schein". Aber auch Begriff, der die Relativität jeder Einsicht andeutet.

Meditation: Sammelbegriff für Entspannungsübungen. Der Geist (Bewußtsein) des Übenden soll sich dabei beruhigen und klären. Er soll gleich einem Gewässer werden, das still und klar ist, so daß man bis auf seinen Grund schauen kann. Ziel der Meditation ist das Erreichen eines nicht mehr dualistischen Bewußtseinszustandes, in dem der Unterschied zwischen Subjekt und Objekt, Übendem und Absolutem aufgehoben und damit das „Erwachen" stattfindet, die „Erleuchtung" erreicht wird. Wichtig in der Meditation sind die richtige Körperhaltung und die Atmung. Grundsätzlich gibt Koryu Osaka Roshi eine gültige und auch für den westlichen Menschen zu verwirklichende Anweisung, wenn er schreibt: „Indem du sitzt, harmonisiert sich dein Atem, dein Körper und dein Bewußtsein. Wenn dein Atem langsamer wird, beruhigt sich auch dein Bewußtsein. Versuche, dieses zusammenfassende angenehme Gefühl zu erreichen, wenn du Zazen praktizierst, und bitte keine Hast ... Jeder von uns hat den für ihn geeigneten, annehmbaren Weg herauszufinden, bei dem Atem, Körper und Bewußtsein derart harmonisiert sind." Physiologisch ist anzumerken: Der Körper stellt bei einer richtig ausgeführten Meditation weniger Kohlendioxyd her, verbraucht weniger Sauerstoff, und der Blutzuckerspiegel senkt sich. Das Gesamtbild ist tiefe Entspannung, frei von Streß. Meditierende berichten außerdem von einer Verbesserung ihres Gedächtnisses, von wachsendem Interesse am Leben und von einer Erweiterung ihres Bewußtseins sowie von einer verbesserten Arbeitsleistung.

Nirvana: (Sanskrit; Pali: Nibbana) Wörtlich: das Erlöschen. Zustand, der bei der Erleuchtung erreicht wird. Zustand der Leidensbeendigung und Fähigkeit, den Kreislauf der Wiedergeburt zu durchbrechen. Zu unterscheiden ist der Nirvana-Zustand mit Erdenrest und das Verlöschen im physischen Tod.

Pali: Bezeichnung für eine mittelindische Sprache. Blieb Volkssprache, während Sanskrit zur Sprache der höheren Gesellschaftsschicht, der Gelehrten und Dichter, wurde.

Prajna: (Sanskrit; Pali: Panna) Bewußtsein, Weisheit. Zentraler Begriff des Mahayana, die nicht begrifflich zu vermittelnde, sondern unmittelbar erfahrene intuitive Einsicht in die Leere.

Prajnaparamita: Weiblicher Bodhisattva der Transzendenten Weisheit.

Samana: (Pali) Jemand, der sich abmüht. Jemand, der nach Einsicht und Weisheit sucht.

Samsara: (Pali und Sanskrit) Wörtlich „Wanderung". Gemeint ist der Kreislauf der Wiedergeburten, der durch das Anhaften und den Durst bedingt ist.

Sanskrit: Wörtlich „geschmückt". Altindische Sprache in ihrer klassischen Form, gehört dem indoeuropäischen Sprachstamm an. Die älteste in den Texten des Veda erhaltene Form ist die geschichtliche Vorstufe des eigentlichen Sanskrit.

Schamane: Das Wort ist abgeleitet vom Tungusischen „shaman" und vom Sanskrit „sramana", d. h. Asket. Der Schamane ist ein Individuum, das übernatürliche Kräfte besitzt, die sich von einem Geist, Gespenst, einem Tier oder einem unbelebten Gegenstand herleiten. Die Begabung ist angeboren, manchmal erblich und wird realisiert durch Fasten, Abstinenz und erfolgte Enthüllung des Schutzgeistes. Manchmal wird die Fähigkeit auch von anderen Schamanen erlernt oder erkauft. Die Vereinigung mit dem Geisterwesen führt zu der Kraft, zu verfluchen oder zu heilen, mit den Toten in Verbindung zu treten, zu prophezeien, Regen oder Wetter zu beeinflussen und übernatürliche Handlungen zu vollbringen.

Schutzgewährungsgeste: Haltung der Hand (auf buddhistischen Statuen). Rechte Hand erhoben mit der Handfläche zum Gegenüber.

Shunyata: „Nicht-Dingheit", Leere, Leerheit. Die Leere ist im Hinayana nur auf die Person bezogen, im Mahayana werden alle Dinge als nicht-wesenhaft angesehen. Die Dinge stellen nichts als Erscheinungen dar.

Siddharta: vereinfachte („europäisierte") Form des Vornamens. Die Pali-Form wäre Siddhattha, die Sanskrit-Schreibweise Siddhartha. Durch Hermann Hesses Roman über den Brahmanensohn Siddhartha wurde die Sanskrit-Schreibweise in der westlichen Welt verbreitet. Es scheint angebracht, darauf hinzuweisen, daß der bekannte Roman von Hesse nicht eigentlich die Lebensgeschichte des „Erwachten" behandelt. Der volle Name der Hauptperson in der vorliegenden Biographie lautet Siddhartha Gautama (in Sanskrit) oder Siddhattha Gotama (in Pali).

Stupa: Ursprünglich ein Königsgrab. Im Buddhismus ein kuppelförmiger, verschlossener Raum über der Reliquie oder einem Ascherest des Buddha oder eines Heiligen.

Sutta, das: (Pali; Sanskrit: Sutra) Schnur, Leitfaden. Im Buddhismus: Lehrrede, Lehrstück.

Tanha: Die Gier, verstanden als Ursache von Wiedergeburt und Leiden.

Tao: Das Formlose, Namenlose, das Motiv aller Bewegungen und die Mutter aller Substanzen. Es gibt eine gewisse Verwandtschaft zum Buddhismus, und zwar über den Begriff des Wu-wei und des Buddha-Bewußtseins.

Tantra: Wörtlich „Gewebe"; Tantrayana ist das Fahrzeug der Tantra-Texte.

Tipitaka: Wörtlich der Dreikorb. Bezeichnung für die kanonischen Schriften des Buddhismus.

Upanischaden: Wörtlich: *upa ni sad*: sich nahe zu jemandem niedersetzen (um zu hören). Die Upanischaden bilden den Schlußteil der *Shruti* und die Basis der *Vedanta*, der philosophischen Schlußfolgerungen aus den Veden.

Veda, der: (Sanskrit) Wissen. Die heiligen Schriften der Brahmanen, die angeblich überirdischen Ursprungs waren. Der Veda zerfällt in vier Sammlungen. Die Texte sollen teilweise noch vor 1500 v. Chr. entstanden sein.

Die Vier Edlen Wahrheiten: Grundstein aller buddhistischen Schulen. Jene vier Begriffe, die der Erleuchtete mit der kleinen Gruppe seiner Gefährten, aus denen die ersten Mönche des Ordens wurden, diskutierte. *Dukkha* bedeutet physisches Leid und seelische Unzufriedenheit; *Samudaya* bedeutet Grund oder Ursache, nämlich für die Entstehung des Leidens. Damit wird ausgedrückt, daß Leid und Unzufriedenheit ihre Ursachen haben, also sich auch beseitigen lassen. *Nirodha* bedeutet Aufhören des Leidens. *Marga* heißt Pfad oder Weg und meint den Weg, die Methode, das Vorgehen zur Beseitigung des Leidens, nämlich den Achtfachen Pfad.

Wiedergeburt: Siehe Karma.

Wunschgewährungsgeste: Geste bei den Bodhisattvafiguren; geöffnete Handfläche der herabhängenden Hand.

Yoga: Besondere, in Indien zur Zeit des Siddharta entwickelte Technik der Meditation. Mit dem Wort „Yoga" hängt unser Wort „Joch" zusammen. Das Sich-Anschirren an Konzentration (Meditation) und Askese.

Zazen: Meditationsmethode (Sitzen) im Zen-Buddhismus, dient zur Beruhigung des Bewußtseins und zur Vorbereitung auf die Erleuchtung.

Zen: Das japanische Wort für „Ch'an", eine in China ausgeprägte, dem Mahayana-Buddhismus entstammende und von dort nach Japan gelangte Form der Meditation, aus der sich eine besondere Schule des Buddhismus entwickelte.

Der Autor dankt Frau Ingeborg Leuchtner für die hilfreiche Durchsicht des Manuskripts in Hinblick auf Sanskrit- und Pali-Worte. Sein Dank gilt weiterhin Lama Yeshe Udo Regeln für dessen Hinweise und Präzisierungen zu buddhistischen Begriffen und deren Definition.